The
Forgotten
City

Rethinking Digital Living for
Our People and the Planet

〔英〕菲尔·阿尔门丁格尔　著
（Phil Allmendinger）

张玉亮　单娜娜　　译

被遗忘的城市

中国科学技术出版社
·北　京·

北京市版权局著作权合同登记 图字：01-2022-3013。

图书在版编目（CIP）数据

被遗忘的城市 /（英）菲尔·阿尔门丁格尔著；张玉亮，单娜娜译. — 北京：中国科学技术出版社，2023.2

书名原文：The Forgotten City: Rethinking Digital Living for Our People and the Planet

ISBN 978-7-5046-9840-7

Ⅰ.①被… Ⅱ.①菲… ②张… ③单… Ⅲ.①城市学 Ⅳ.① C912.81

中国版本图书馆 CIP 数据核字（2022）第 202464 号

策划编辑	刘　畅　宋竹青	责任编辑	刘　畅
封面设计	今亮后声　郭维维	版式设计	蚂蚁设计
责任校对	吕传新	责任印制	李晓霖

出　　版	中国科学技术出版社
发　　行	中国科学技术出版社有限公司发行部
地　　址	北京市海淀区中关村南大街 16 号
邮　　编	100081
发行电话	010-62173865
传　　真	010-62173081
网　　址	http://www.cspbooks.com.cn

开　　本	880mm×1230mm　1/32
字　　数	197 千字
印　　张	10
版　　次	2023 年 2 月第 1 版
印　　次	2023 年 2 月第 1 次印刷
印　　刷	北京盛通印刷股份有限公司
书　　号	ISBN 978-7-5046-9840-7/C·214
定　　价	79.00 元

这本书可读性强、时效性强、内容丰富，对智慧城市和科技巨头的当代叙事进行了剖析，敦促城市规划者反思他们的政策和做法。

伊冯·里丁，伦敦大学学院

本书非常及时，呼吁人们以渐进的方式重新构想技术与城市之间的关系，论证了城市规划的潜力，促使技术服务于城市以及城市社区，而非反过来。

爱德华·谢泼德，雷丁大学

献给弗勒和弗洛伦斯

CONTENTS

目　录

第1章

双城记："暗夜之城"
和"光明之城"

　　人类喜欢讲故事，也擅长讲故事。其实，几千年来，人类一直在讲故事，先是口耳相传，然后诉诸笔端，最后借助屏幕。心理学家认为，故事遵循了一种可识别的模式，满足了人们在看似无意义的事情中寻找意义的需要。人类学家认为，故事是人类生存本能中不可缺少的组成部分，可以帮助人类正确认识危险，当机立断作出决定。此外，鉴于人类讲故事的历史如此漫长，人类的大脑已经习惯了寻找故事或模式，哪怕这种故事或模式压根就不存在。故事赋予人类一种掌控感，人类可以与同伴分享自己的世界观以及世界观的形成过程。但是故事还有另外一个功能，故事不仅可以解释过去和现在，而且可以建构人类的行为，并进一步塑造未来。

　　人类为什么讲故事？这从城市中可窥得一二。人类的城市是独一无二又错综复杂的存在，仅凭浅显的理解和预测根本无法认识城市。因此，人类为了认识城市，一直在讲述与城市有关的故事，这也在意料之中。城市是文明的跳板，是艺术、文学、戏剧和民主的故乡，诸如此类的故事深入人心。此外，有些人把城市比作不公和罪孽的魔窟，有些人把城市形容为专注于贸易和商业的创业之地，有些人则打造出弗里兹·朗（Fritz Lang）[1] 镜头下大都会式的未来城市。尽管人们众说纷纭，但是在过去的约 150 年里，有两个关于城市的故事占据了主导地位，它们分别是"暗夜之城"和"光明之城"。

"暗夜之城"

第一个关于城市的故事与剥削、荒凉以及痛苦息息相关。1929 年，戴维·赫伯特·劳伦斯（David Herbert Lawrence）——一位充满争议的著名英国作家——开始动笔书写英国的城市状况，这是一个他特别钟爱的写作题材。他认为，"英国人一直住在城市里，但是对如何建造城市、如何看待城市以及如何在城市中生活一无所知"。[2] 对劳伦斯来说，城市绝不仅仅是外在的建筑，城市的状况也反映了居民的状态：

> 大城市是美丽、高尚以及华丽的代名词。英国人却对大城市的这些美好品质嗤之以鼻，极力反对。英国就像用低劣住宅玩填字游戏，促狭小气，不上台面。英国人管这些低劣住宅叫"家"……这些（低劣住宅）就像红色的捕鼠笼，极为窄小。住在里面的人只会越来越孤立无援，越来越卑躬屈膝，越来越愤懑不平，一如捕鼠笼里的老鼠。[3]

谴责城市，构想一个更美好的未来作为替代，劳伦斯不是第一个这么做的人，但是他的做法却反映了当时的主流观点。19 世纪，随着工业革命的到来，这种观点开始萌芽。这一时期，经济迅速发展，城市化进程加快，城市的黑暗面逐渐浮出水面。1880 年，苏格兰诗人詹姆斯·汤姆逊（James Thomson）出版了诗作《暗夜之城》（*the City of the Dreadful Night*），这位早已被人遗忘的诗人在诗中写的就是这种阴暗面。这首诗因用悲观苍凉的笔调描写维多利亚时代的城市而闻名。但是，他抓住了维多利亚时代城市生活的本质，他笔下的城市到处都是贫民窟，是一个疾病和贫穷司空见惯的地方，大部分人都被迫在城市里讨生活。他把这样一个关于城市的故事传播开来，并强化了这个故事的影响力。对穷人和工人阶级这些普罗大众来说，"暗夜之城"就是他们每天要面对的现实。

暗夜之城的故事并非作家们的凭空想象。自 20 世纪 30 年代起，热衷于开发楼盘的开发商和提供贷款的银行利用城乡间的反差，将城市描绘成藏污纳垢、无处立身之地。他们企图说服中产阶级抓住机会，利用易得的资金和普及的汽车，去不断扩大的郊区买房。政府的作为又强化了这种消极的观点：建设新的城镇和城市，努力为技术工人和中产阶级提供"避难所"。

尽管城市存在贫困、疾病和犯罪的隐患，但在整个 19 世纪和 20 世纪初，除了推行一些力度不大的措施，如改善卫生条件、为新的开发项目颁布建筑标准之外，城市几乎没有任何改变。城市之所以缺少作为，是因为他们坚信城市贫民要为自己的处境负主要责任。极少数试图改善城市的举措也是出于私利，如政治和经济精英担心社会动荡或激进思想在贫民窟中传播，以及劳动力的健康受损会影响盈利。在 19 世纪的欧洲和美国有一种流行的消遣方式，富人会在导游的陪同下参观"贫民窟"，手里拿着标注着"最佳景点"的小册子，为贫民的生活惨状惊叹不已，这也让当时所谓的"贫民窟"阶层察觉到了统治阶级对城市的普遍态度。[4]

这种占主导地位的"反城市"态度绝不是只在英国存在：德国、法国和美国都有类似的情况。如果说戴维·赫伯特·劳伦斯是为英国人发声的小说家，那么亨利·詹姆斯（Henry James）就是美国的劳伦斯。作为 20 世纪最伟大的作家之一，詹姆斯的背景与劳伦斯完全不同，但他们都对城市持相似看法。詹姆斯出生于一个富裕的知识分子家庭，接受过私人教育，去过欧洲的许多地方旅行，也曾在法国生活过一段时间。1904 年到 1905 年，他周游美国，并将自己的所见所闻记录下来。对城市没有好感的詹姆斯对纽约尤为不屑，在他眼里，纽约"金玉其外，败絮其中"。[5] 在他看来，人们可以在城市获得财富，而郊区和乡村才是花钱享受的所在。像劳伦斯一样，詹姆斯并不是唯一一个谴责城市的人。1897 年，《美国社会学期刊》（*American Journal of Sociology*）指出，人们通常认为"大城市是社会腐败和……堕落的中心"。[6] 伟大的工业家亨利·福特（Henry Ford）提出的解决方案也体现了这种普遍观念。他认为，"想解决城市问题，我们就要离开城市。让人们进入乡村，改变互不相识的邻里关系"。[7]

当然，这种观念也不只存在于 19 世纪的工业城市。1963 年，一项对北美城市的评估得出了这样的观点：欧洲游客必然会"理直气壮地指责美国轻率地靠技术解决所有问题的行为"。[8] 汽车使用率增长带来的影响成为关注的焦点：

> 破烂不堪的贫民窟和精心设计的汽车并行不悖，蜿蜒的河流因污染而变得漆黑，破旧的工厂挤满海滨，绵延不断的郊区似乎没有生活中心，都是千篇一律。[9]

在这个惨淡的城市故事中，20 世纪 70 年代是故事的最低谷，但这个低谷的伏笔早在十年前就埋下了。20 世纪 60 年代的城市为之后的故事奠定了基础，成为社会动荡和人们日益不满的背景条件。美国和许多欧洲城市都出现了反对越南战争的抗议活动。在德国和意大利的城市，国内恐怖主义兴起；而在北爱尔兰，宗派主义的影响日渐壮大。接连不断的反对种族隔离及警察暴力的抗议在美国的一些城市占据了主导地位。而在巴黎和其他法国城市，反对社会经济习俗、美帝国主义和资本主义秩序的骚乱层出不穷。城市，一个冲突四起的地方，一个不和谐现象的聚焦之处，正好与贫困剥削的形象相符。在英国，人们逐渐意识到未来不是城市的，城市的辉煌已成为历

史。在整个 20 世纪 70 年代，制造业工作岗位的流失导致城市
失业率上升，而中产阶级和服务业的工作岗位则由城市转移到
郊区和农村。

20 世纪 70 年代，城市在世界范围内皆是众矢之的，而纽
约的处境尤为艰难。1975 年 10 月，纽约无法偿还 4.5 亿美元
的债务，而银行拒绝延长贷款，联邦政府和美国总统杰拉尔
德·福特（Gerald Ford）也拒绝伸出援手。纽约的大部分地区
已成为犯罪和暴力泛滥、垃圾遍地的禁区。1975 年 10 月 30
日，《纽约每日新闻》（*Daily News*）上的一篇著名的文章标题
言简意赅地总结了这一情况："福特对纽约说：'去死吧。'"最
终，尽管纽约成功地躲过了金融危机，但还是因为贫困、社会
需求集中以及普遍的动荡和暴力现象被视为当时许多城市的典
型。政府内部的态度与"暗夜之城"的说法相呼应：城市的时
代已经结束。

"光明之城"

之后故事发生了变化，"暗夜之城"逐渐与现实脱节。如
果 20 世纪 70 年代是城市的低谷，那么我们现在生活的时
代——21 世纪 20 年代，在一些人眼中则是城市的高潮。作为
人类最伟大的成就，城市的故事能讲到现在值得庆祝。一些
人声称，城市根本不是"暗夜之城"，而是能给人带来快乐和

幸福的所在。[10] 如果 19 世纪和 20 世纪的城市故事关乎绝望和贫困，那么 21 世纪的城市故事则充满了机会和欣喜。这种戏剧性的反转反映了一些主要城市的复兴，它们正在蓬勃发展，充满活力，追赶潮流。巴黎、纽约、香港和伦敦从"暗夜之城"摇身一变，成为"不夜之城"，有人说我们现在正处于城市的"黄金时代"。[11] 乐观主义者善于引用数据佐证自己的观点，企图说服意见相左的人：到 2008 年，城市的居民数量超过了农村地区，在人类历史上尚属首次；到 2014 年，城乡人口比例上升到 54%，联合国预计这一比例到 2050 年将上升到 66%。但是，这个关于城市的新故事预示着更大的变化即将到来。大多数发达国家已经高度城市化——如美国，城市居民占了 82%。发展中国家也发生了翻天覆地的变化——非洲和亚洲拥有世界近 90% 的非城市人口，印度的农村人口最多（8.57 亿），其次是中国（6.35 亿）。据预测，截至 2050 年，印度将增加 4.04 亿城市居民，中国将增加 2.92 亿，尼日利亚将增加 2.12 亿。城市人口的增长并不均匀。

1990 年，世界上只有 10 个"特大城市"，即人口超过 1000 万的城市。2020 年，全球有 33 个特大城市；到 2030 年预计将有 43 个，主要集中在发展中国家。有些人认为尼日利亚的拉各斯（Lagos）在 2100 年将成为世界上最大的城市——一座绵延数百公里、拥有 1 亿人口的特大城市。随着越来越令人震惊甚至难以理解的数据不断涌现，这种乐观情绪逐渐演变成一种近乎福音派的狂热。

"光明之城"的故事在一定程度上解释了城市命运的这种转变：强调一种特定的自由市场，反映了企业家的态度。现在，城市吸引着那些希望改善生活的人和愿意通过努力工作、投入精力提升自我的人。成功的城市是由能够促进经济增长的人口迁移造就的。正如爱德华·格莱泽（Edward Glaeser）在其著作《城市的胜利》（*Triumph of the City*）一书中所说：

> 一个国家的城市化程度与经济繁荣程度息息相关。一个国家的城市人口比例每增加 10%，人均产出就会平均增加 30%。倘若一个国家的城市人口占大多数，那么这个国家的人均收入几乎是农村人口占大多数的国家的 4 倍。[12]

城市对全球国内生产总值（GDP）的贡献度占 70% 至 80%。城市将人口和创意集中起来，这种集聚效应能够节省时间、降低成本，使城市更具创新性、活力性、生产性和财富性。城市的经济发展不可避免地让人们开始思考欣欣向荣、充满活力的城市应该如何维持这种增长。人们想到的几乎都是阻止破坏增长的自由主义政策，尤其是监管的"高压手段"。城市的问题——诸如交通拥堵、空气污染、房价过高和顾此失彼的公共服务——都被描述为与成功相关，它们可以通过更多的成功予以解决。城市是复杂的，难以进行规划和监管，故事还在继续，城市的变革应该交给市场这只看不见的手。这个前景乐观的故事被一群学者、记者、智库人员和政府官员大肆宣扬，他们以偏概全，专注于全球化的优势和所谓的"馥芮白经济"（flat white economy）。

城市的真面目

"暗夜之城"和"光明之城"讲述了截然不同的故事，但都向我们展示了对城市生活的错误印象。尽管城市乐观主义者的故事说 21 世纪是城市的时代，或者说现在的人是"城市生物"，但显然一切没有那么顺利。一个城市生活不可忽视的阴暗事实会使"光明之城"的故事黯然失色。城市中的贫困和不平等现象并没有消失，而是藏在经济增长的阴影里，但人们对此视而不见，寄希望于通过经济增长消灭贫困和不平等现象。随着人口城市化加快，贫困和不平等现象也在加剧。我自己所在的剑桥市（Cambridge）是英国发展最快的城市，年均增长率超过 7%。然而这里也是英国最不平等的城市之一，尽管这里的人口刚过 10 万人，"富人"和"穷人"的预期寿命却相差近 10 年。而在其他城市，差异就更大了：美国巴尔的摩市（Baltimore）的贫富人口预期寿命相差 20 岁，而伦敦的部分地区则为 16 岁。在欧盟，平均 10% 的城市居民遭受着严重剥夺，这一比例在保加利亚为 26%，在罗马尼亚为 22%。城市里住着全世界一半以上的人口，与此同时也面临着一些最严峻的挑战，如不平等、贫困、污染和犯罪。

人们对城市的宣扬也忽略了这样一个事实：即使在超级明星城市中，成功者也只是极少数。在纽约、伦敦和旧金山等顶级城市，一个特别令人担忧的问题是中产阶级化，或者说更富有的居民和企业将会取代历史悠久的社区。当谷歌宣布希望在柏林一座曾经用作配电站的大楼内建立新园区时，这一举动引发了当地大规模的抗议和抵制。有人创建了一个网站，页面标语采用了谷歌网站的常见字体，直截了当地宣称："滚开，谷歌。"[13] 人们担心谷歌及其雇用的高薪员工会对现有社区产生影响，柏林部分地区的租金已经上涨，较高收入人群也在渐渐取代原来的低收入居民。商店和咖啡馆也受到了影响，因为他们的老客户流向了高端咖啡馆和酒吧——这些更能迎合新的、更富有人群的场所。这种社区殖民化不是偶然，也不是市场的某种自然结果。柏林与世界上许多其他城市一样，一直热衷于推动数字经济，希望吸引全球企业，发展创意经济，尽管柏林市民正在积极抵制这种潮流。

尽管存在忧虑，但在许多地方，中产阶级化并不是最紧迫的问题。对于旧金山、柏林或纽约这样的城市而言，都存在巴尔的摩、桑德兰（Sunderland）或莱比锡（Leipzig）所面临的问题，它们争先恐后地寻求投资和增长，同时也面临着严重的社会和经济问题。这些城市都处于危险边缘。不仅仅是在发达国家，成功城市的概念对许多人而言都很空洞。世界上有超过10亿的城市人口生活在贫困中，约占所有城市居民的三分之一。到2020年，这一数字上升到15亿，到2030年预计将上升到20亿。每天有10万人搬进城市贫民窟，大约每秒一个人。许多城市都在努力应对这种变化，尤其是在水、电力和住房等基础设施方面采取措施。对于上百万的新城市居民来说，"光明之城"的生活前景并不光明。人们已经注意到，目光狭隘的城市乐观主义者们所宣扬的新自由主义的、以市场为导向的发展规划与数百万城市居民的现实生活完全不符。

2020年的新冠肺炎疫情席卷全球，人们由此展开热议，讨论城市是否已经失去了吸引力和功能性。新冠肺炎死亡率最高的地方是城市。那些高收入人士可以离开城市，他们也是这样做的。有评论员推测，如果在市中心办公室工作的时代已经结束，许多人开始居家办公，那么人们对城市之外的场所和房产的需求就会飙升。

虽然悲观主义者的城市故事和乐观主义者的城市故事只是众多城市故事中的两个，但它们很重要，因为它们引导了公众态度和政府政策——这些故事比其他故事更引人注目、更有说服力、更受欢迎。这两个主要的城市故事对穷人和弱势群体有着同样的态度。"暗夜之城"抛弃了城市以及那些无力离开的人；"光明之城"则采用不同的方法，通过宣扬成功、增长和放松管制，营造出一种片面的、带有误导性的假象。这两个故事都抛弃了对整个城市的责任感，尤其置底层的人于不顾。结果就是城市被割裂，而且这种割裂的情况还将持续加深，城市终将被社会和经济不平等撕裂。城市政策已经被这些故事俘获，赋予少数人特权，却忽视了多数人的困境。随着民粹主义政治的兴起，这种模式在民主方面的恶果已经显现。这在英国公投退出欧盟、唐纳德·特朗普（Donald Trump）赢得美国总统选举以及欧洲极右翼政党在选举中胜出等事件中都得到了证明。

在更好的、论证更加严密的理论出现之前，科学领域中旧的理论往往会持续存在。城市的故事也是如此。新的城市故事出现了，这个故事有关数字技术，讲述了未来城市如何通过变得"智慧"而获得成功、走向繁荣。与之前的故事一样，一些强大的利益集团从中看到了销售商品和服务的商机，"智慧城市"的故事便开始流传。同样，政府和政界人士也在制定符合"智慧城市"故事的政策，促进数字技术在城市推广，并营造出一个光明的前景。但城市在现在的故事里发生了巨大变化。与之前的故事不同，"智慧城市"的故事不仅试图"框定"（frame）城市和城市生活。从经济到政治，这个新故事还试图从根本上改变城市和社会的本质，这样做将导致不确定性增加、社会两极分化和混乱。"智慧城市"的影响无处不在，我们可以看到，爱彼迎（Airbnb）将经济型酒店挤出市场，零售业巨头亚马逊（Amazon）的"订单履行中心"（fulfilment）推动零售业转移到线上，导致部分商店和办公室歇业。

　　如何治理我们的城市以及思考未来带来的影响虽然不甚明朗，但不容忽视。我们被不断地灌输着这种思想：数字技术——"智慧城市"——可以解决我们面临的挑战，小到交通拥堵，大到犯罪活动。在某些情况下，数字技术确实有所帮助：实时数据可以帮助我们对一天中某些时段的交通进行控制，避免污染和拥堵；可视化设计可以帮助我们研究发展建议将如何影响不同的社群；建立数字孪生城市可以模拟气候变化的影响。尽管"智慧城市"也存在正面影响，但相比其负面影响而言，这些正面影响不值一提。谷歌、脸书和推特削弱了传统媒体，导致当地的新闻报道减少，这意味着当地的信息流通会变弱。如何管理城市交通以保持畅通，转移这一问题的决策权意味着避开了一个更重要的问题，即我们是否应该在公共交通上投资更多。鼓励发展零工经济可以造福消费者，而在一些城市，多达三分之一的工作岗位将因 AI（人工智能）和机器学习的普及而消失。"智慧城市"的故事是一个关于选择的故事。

　　城市安然度过了以前的故事，但这次不同。数字技术和"智慧城市"的故事不仅威胁着城市的未来，也威胁着地球和人类的未来。从气候变化到海洋污染，从水土流失到生物多样性减少，城市可以将人们聚集在一起，以找出在不破坏地球的情况下共存的方法。城市可以成为民主和包容的孵化器，其多样性和邻近性需要我们共同努力，搁置分歧，谋求共同利益。

反思时间

我们具备为城市打造智能化未来的动力和野心。由科技巨头和政府组成的利益联盟正在推行数字化解决方案，它们承诺可以提供更优质、更廉价的公共服务，同时让我们能够像网上购物一样进行城市生活——只需用鼠标选定、点击，像网购一样在市场上下单。一个智能的未来意味着我们不需要参与诸如投票、与他人交谈以及倾听他人意见等混乱耗时的过程，何乐而不为？

数字化未来的问题在于它忽略了一个事实，即成功的城市不会凭空出现：它们是为所有居民而运行规划的，不只是服务于当权者和富人。成功的城市具有包容性，可以平衡长期的投资和管理，并留出创新变革的空间。数字革命正在促使我们的城市原子化，掏空城市的经济基础，分裂城市政治，将我们的注意力集中在那些与技术相关的问题上，让我们忽略那些不容易适应数字框架的因素。但这种情况带来的另一个问题是，数字技术不仅对城市构成挑战，可能也会对人类的生存构成威胁。城市对于我们如何解决人类面临的紧迫问题至关重要，因此数字威胁对地球的未来也至关重要。

重要性体现在哪里？数字技术在这个时代颇具颠覆性，但是，19世纪的蒸汽机以及20世纪的钢铁和内燃机也是如此。伴随着不稳定的工作，城市总是充斥着贫困和贫富不均。如果数字技术正在颠覆城市，或许也不完全是坏事。毕竟，在人类存在的97%的时间里，城市并不存在，所以人类的存续或许并不需要城市。

然而，城市的未来至关重要——不仅对于城市居民是如此，对全人类也是如此。气候变化是整个世界都面临的紧迫问题，而城市正是应对气候变化的关键。城市排放的75%的二氧化碳都来自他们使用的能源，而像伦敦这样的大都市则有80%的食物需从其他国家进口。城市也首当其冲地受到了气候变化的影响。仅在欧洲，未来100年就会有70%的城市受到海平面上升的影响。但城市也是我们应对气候变化、改变消费行为和生产行为的最大希望。

如果我们失去了城市，也就失去了拯救地球的最佳机会。一些国家的政府无视全球应对气候紧急情况的需要，与此同时，许多城市正在加紧践行承诺、为之努力。城市的高参选率以及对进步政策的支持，包括采取行动助力应对气候变化，都表明城市居民把城市当成人们可以为实现共同目标而努力的舞台。这一切本该如此，没什么值得惊讶的。城市要求我们从社会角度进行思考，正视群居生活的集体性本质，而不是背弃群体，被迫面对挑战。直面集体性问题，创建一个包容的城市，这对我们至关重要，不平等的城市无法长久发展。理查德·弗罗里达（Richard Florida）引用了纽约市长白思豪（Bill de Blasio）的话："历史告诉我们，在这种情况下，没有城市能够长期繁荣。"[14] 我们的城市能否像过去一样适应和应对这些挑战？这次不一样了。城市目前正在经历的挑战是由一系列新兴的数字技术引发的，如云计算和人工智能。这些挑战带来了全新的、潜在的生存风险，对那些不善于适应的地方和人群而言尤为明显。

收回控制权：新的城市故事

那么，我们如何找到另外一条道路？一条避免增加城市内部隔阂以及城市间隔阂的道路，一条利用数字技术带来的诸多便利以真正支持城市和社会发展的道路？新的城市故事需要以人们的需求为中心。与"智慧城市"的故事不同，这个新的城市故事没有"现成的模板"，必须由所有的城市居民共同书写、共同讲述。然而，对于许多城市来说，无论是蒸蒸日上的城市还是江河日下的城市，这个新的城市故事都会带来城市的复兴，即城市不仅是我们生活和工作的地方，也可以让每个人的未来变得更美好。要迈向城市复兴，首先得承认我们存在问题，并承认并非所有的数字化和智慧化技术都是有益的。这要求我们的目光不能局限于数字技术和超级互联世界带来的直接利益，还要看到将智慧化的实际和潜在利益与城市及其所有居民的需求相匹配的必要性。其次是提升环境，推进公平竞争。在追求智慧化的热潮背后隐藏着强大的利益集团联盟，世界上最具价值的公司就是这个联盟的一分子。这些利益集团不会不战而退。在某些情况下，我们还需要重新调整政策，出台替代方案。例如备受争议的"亚马逊税"，就有助于转变线上零售业所具有的不公平的竞争优势。[15]

一旦我们有收回控制权的意愿，就有必要采取一些措施。一是重新审视规制和城市规划的重心。城市的物理空间和建筑曾经是城市规划的主战场，我们对城市空间的利用加以控制，规范建筑活动的开展和发展速度。而现在，城市规划的主战场转移到了虚拟世界，与我们的现实生活属于两个维度。一切作为不会在现实中留下足迹，但会产生现实的后果。目前，控制手段还没有赶上技术发展。二是重新思考城市规划和管理的过程。数字世界的快速变化会颠覆、取代从前线性的、繁琐的变革管理方法，城市规划需要结合数字技术，采用实时数据和灵活机制。最后，我们需要重新思考空间的本质。当伦敦与纽约、新加坡的共同点多于与英国其他城市的共同点，并且希望依靠全球劳动力市场和金融促进其发展时，传统的、地域性的、通过物理界限予以区隔的地缘关系会变得多余。同样，掌控以数字为主导的变革需要关注个人，关注我们作为用户的选择。城市需要同时将个体和世界视为影响未来空间的因素。

这并不意味着我们要对各个方面进行干预：城市既需要计划性，也需要变化性；既需要秩序性，也需要混杂性。想要成功地适应发展，这些特性缺一不可。要达成这些特性的平衡，需要目光长远，预留进化、实验和失败的空间，还需要为偶然发现的、不可预见的、冒险创新的事物留出余地。19 世纪的城市不仅仅是"暗夜之城"，也是"技术快速变革之城"。"光明之城"也因成功处理了混乱和复杂的情况而蓬勃发展，公共事业和个人发展完美融合，管控变革同时也允许新事物发展。本书并不是要反对城市中的科技巨头和数字技术。显然，数字技术给个人和社会带来了巨大的好处，这点在 2020 年新冠肺炎疫情的全球大流行期间尤为明显。相反，本书旨在确保城市的故事服务每个人，这个故事是为了地球而拯救城市，是关于利用我们这一代人的聪明才智追寻更美好的未来，而非开发新技术让人们继续沉迷于屏幕里的世界。

　　我们该如何规划和展望未来？在数字时代中，我们都可以讲述自己关于"智慧城市"的故事，用对城市构成威胁的技术来拯救城市。下面这段描述非常适合数字时代：它是非线性的，允许我们前后翻页、访问大量信息；它具有深度参与性和互动性，开放了个体间的交流，获得了大批拥趸，冲破了传统媒体的大门；它可以包括所有的媒体形式——书面的、口头的、视觉化的和音频形式的。本书是众多可选择的故事之一，试图寻找意义、传达意义，书写不同于"智慧城市"的另一个故事。

第2章

"智慧城市"的故事

　　从很多方面来看，"智慧城市"已经到来：手机、笔记本电脑、智能手表、汽车、远程传感器等设备交互使用，能够生成、分析、传输数据，成为城市实时监控、指挥和决策的工具。为了减少交通拥堵和污染而采用交通信号灯并收取路费，为了提高能源利用效率而监控和预测资源使用情况，智慧城市已经开始塑造我们的生活。在个人层面，我们被鼓励用手机与政府和其他服务供应商进行沟通。美国的 311 城市服务系统[1]以智能手机为媒介，让市民向市政府广泛地反映问题。例如，市民可以拍下失修的路灯和不平坦的路面，通过短信发送照片，并且马上就能得到回复。市民由此成了自己城市的眼睛和耳朵。

　　除此之外，市政部门正在使用数字技术完善咨询服务、公开数据和信息、发布提案、邀请个人和社区参与城市建设，甚至通过建筑信息模型（BIM）和城市信息模型（CIM）推进服务和基础设施的协同设计。还有人创造了"数字孪生城市"，即对不同的气候情景和可能性建模，模拟气候变化对城市可能产生的影响以及可以采取哪些措施减轻这些潜在的影响。

　　到目前为止，这些措施都极具价值，也切合实际。然而，"智慧城市"的故事才刚刚开始。德国工程巨头西门子（Siemens）自信地预言道：

从现在起，在接下来的几十年内，城市将拥有无数智能化运行的自动 IT 系统，这些系统将完全掌握用户的习惯和日常消费，并向他们提供最佳服务。[2]

国际商业机器公司（IBM）在 2009 年注册了"更智能的城市"（Smarter Cities）商标。对 IBM 来说，"智慧城市"蕴含着强大的神秘力量，这些力量可以用来帮助城市：

世界正在长期高速地朝着城市化的方向发展。在认知时代，城市本身也并非一成不变：不断演进，永不停歇，没有固定的发展方向。我们正处于这一演变的重要时刻，新的力量出现，合力为城市创造新的运作方式。[3]

虽然"智慧城市"吸引了广泛而热切的关注，影响了众多城市，如布里斯托尔（Bristol）和巴塞罗那（Barcelona），但我们尚处于这一设想的第一阶段。接下来的事情早有迹象：里昂（Lyon）推出无人驾驶巴士，利兹（Leeds）试着用传感器来检测道路何时需要维修，伦敦启用数字助理帮助居民查找信息。这些变化不只是对公共服务进行升级完善，而且用数字技术和数字解决方案取代了人力。这对于相关机构而言很有吸引力。

对于面临预算削减和赤字的公共部门而言，节省服务成本的前景非常诱人。私营部门同样很有动力。在 2012 年推出

"智慧地球"（Smarter Planet）计划后的 12 个月内，IBM 的股价上涨了 50%。[4] 其他科技公司纷纷效仿 IBM，说服政府建设新的示范性智慧城市，如阿拉伯联合酋长国（the United Arab Emirates）的马斯达尔城（Masdar City）、韩国的松岛（Songdo）以及葡萄牙的普兰尼特谷（PlanIT Valley）。人们认为这些城市将通过普及数字技术，最大限度地减少自然资源使用并提高人员的互联互通，进而"优化"生活。在 2020 年新冠肺炎疫情全球大流行期间，随着远程工作、网课、网购以及商品送货上门成为常态，"智慧城市"和数字技术得到了显著推广。对一些人来说，数字化会帮助城市适应疫情后的新生活，如远程办公、商店减少、开放空间增多以及空间分配的需求，还有去博物馆、酒吧、咖啡馆及其他场所都需要通过网络进行预订。这些转变正被载入"智慧城市"的新篇章——数字化可以保障您的安全!

"智慧城市"没有自己的专属故事，但是有很多拼接了各种元素的故事。这些故事转移重点，故意含糊其词，因此可以在不同的情境中适用。上一页我们提到了 IBM 对数字时代中城市的分析，好像什么都说了，又好像什么都没说。[5]

尽管"智慧城市"故事的定义范围不同，在各个地方的传播率也不同，但这些故事都有一个共同的主题。大多数故事的思路都很相似，城市面临着前所未有的生存威胁，如人口增长、交通拥堵、基础设施老化、税收减少等。传统的解决方案无济于事，需要新方法。毫不意外，新的解决方案无外乎由科技巨头来提供商品和服务，不过这些智能解决方案的好处要在将来才能显现——"可以"和"将会"在"智慧城市"的故事中是两个高频词。与此同时，人们更相信我们可以认知城市、预测城市、衡量城市，可以将不同类型的数据无缝连接，进而"优化"城市。这些说法听起来很积极，却又模棱两可，不同的群体从自己的意愿出发，会对这些故事进行多样化的解读：市政府能从中看到更价廉质优的服务，企业能从中看到降低能源成本的机会，居民能从中看到更有效的社会计划和公共安全。

"智慧城市"的故事并非市井中流传的唯一故事。人们围绕着当代城市喋喋不休地讲述着各种各样的故事，"智慧城市"只是这些故事的一部分。这些故事试图描绘未来，通常是为了某些特定群体的利益，例如可持续发展的城市、弹性城市、宜居城市等，它们都被不同的利益集团当作故事来宣传。城市的故事很重要，因为它们决定了我们如何处理拥挤和流民等问题，让我们看到可能存在的解决方案以及应该关注哪些资源和研究。需要注意的是，"智慧城市"故事提出的解决方案是单一的，只有数字技术。然而，没有人知道这个故事的结局，哪怕是它的那些支持者。我们只知道，无论现在还是未来，干扰因素都会存在。这不是坏事，就像硅谷的人所说的，这个行业的座右铭就是"快速行动，打破常规"。[6] 但这不应该是我们规划管理城市的方式——不能全由科技巨头掌控，这对人类的未来至关重要。"智慧城市"还有另一个故事，不过这个故事是邪恶的，有时还有一些棘手的问题。那么"智慧城市"的故事对流民问题和住宅负担能力问题有什么启示呢？关于人口老龄化、儿童肥胖以及人类健康和社会服务等问题，科技巨头又提出了哪些解决方案？

"智慧城市"的故事取代并分散了人们对这些问题的注意力。我将在第 6 章介绍"智慧城市"面临的真正挑战，那才是我们应该关注的重点。在本章中，我想先就另外两点加以说明。首先，"智慧城市"的故事是不断发展变化的，而非一成不变的——我们可以自己书写结局，特别是在某些人的主张与我们心中的城市发展方向不符的情况下。其次，这种"智慧"在心理上令人欣慰，在政治上令人信服：它用含糊其词的说法和对未来的空头支票掩盖了难以解决的问题。它让我们相信，我们有办法用低成本甚至零成本去解决那些困难而复杂的问题——我们可以像以前一样继续前行，把一切艰难的决定都交给未来。这有什么不好呢？

"智慧城市"的故事

和之前的故事——"暗夜之城"和"光明之城"一样，"智慧城市"的故事在小说中也有着深厚的根基。在劳伦斯斥责城市的同时，一位同样知名的当代作家爱德华·摩根·福斯特（E. M. Forster）却在畅想一个未来的"智慧城市"，一个因崇拜技术而导致社会崩溃的城市。福斯特以书写爱德华时代英格兰社会的阶级、虚伪和爱情而著称，他在1909年写了一篇颇具先见之明的短篇小说——《大机器停止》（The Machine Stops）。这个故事设定在一个高度互联的未来，人类的所有需求都由"大机器"（The Machine）满足。在福斯特描绘的这个世界中，由于过去的一些灾难（文中并未说明），人类被迫生活在地下。在这种情境中，人们独自过活，避免与他人接触，并通过电子设备进行交流。机器可以满足人们的任何需要，比如需要出行的时候，人们就会呼叫自动驾驶汽车。

那些质疑机器和技术信仰的人都遭到了放逐，被迫生活在地面上。库诺（Kuno）——故事的主人公之一——对大机器的全能性起了疑心，于是他来到地面，开始了揭开大机器对于人类生存必不可少这一神话面具的旅程。地上社会没有大机器也正常存续着，"人类除了在地下生活别无选择"这一正统观念被揭穿。随着越来越多的人质疑其必要性，大机器自身开始崩溃，人们同时意识到，人性和自然已经沦为了技术的牺牲品。

当前的"智慧城市"叙事似乎忽略了福斯特所写故事中的警示，而是将他的文字当作剧本，信心十足地认为技术会改善我们生活。正如一位"智慧城市"的主要倡导者所说：

今天的"智慧城市"能够使工程师和计算机科学家的梦想成真。每一条信息都即时显示,城市机器可以被人们掌控并优化。[7]

这种乐观情绪在"智慧城市"的故事中十分常见,甚至在其诞生之初就已经存在了。"智慧城市"一词出现于20世纪90年代中期,当时的数字技术被称为万维网和"信息高速公路",人们十分看好其潜力和效用。汤姆·鲍德温(Tom Baldwin)讲述了1996年美国总统竞选的故事。当时身穿牛仔裤的比尔·克林顿(Bill Clinton)帮助当地的一所高中安装了电缆,以连接到互联网,并向围着的记者宣布"揭开了未来的序幕"。与此同时,英国的托尼·布莱尔(Tony Blair)正在为即将到来的大选做准备,他将自己塑造成现代主义者,并将工党重新命名为"新工党"(New Labour)。布莱尔在演讲中反复提到互联网,极力渲染它的魔力,仿佛只要投票给这位年轻的领导人,就能走向他所描绘的光明未来。世界各地的城市都试图从这种早期的热潮中获利,营造出对新事物极度狂热、乐见其成的氛围。在那个听起来很光明的未来里,互联网将为人民群众带来更好的政务服务体验,尽管它的前景模糊不清。大多炒作未免过犹不及,为了不落下风,城市间掀起了一股自我标榜为"智能"的热潮(试问哪座城市愿意成为"愚昧的"城市呢?)。

实际上,"智慧城市"故事的第一幕主要是引入在线信息和有限的在线服务。然而,大约在同一时间,少数新型智慧城市宣布成立,其中一座位于澳大利亚的阿德莱德(Adelaide)附近,马来西亚的赛城(Cyberjaya)和布城(Putrajaya)也属于新型智慧城市。这些新型智慧城市的目标更加宏大,它们不仅提供在线服务,还思考应当如何塑造城市并运行系统。这些新型智慧城市表现得雄心勃勃,但在某种程度上只是为了凸显特色、进行营销,盛名之下其实难副。

"智慧城市"故事的第一幕为即将发生的情节奠定了基础。大约从 2008 年起,随着各企业销售产品与提供服务的条件逐渐清晰,外部宣传与"智慧城市"的概念也有了飞跃式的进展。其中引领行业趋势,将商业利益与城市数字科技挂钩的正是 IBM。这家公司成立于 1911 年,最初名为"计算制表记录公司"(Computing-Tabulating-Recording Company),1924 年更名为国际商业机器公司(IBM)。该公司在 20 世纪六七十年代迎来了鼎盛时期,当时它还支持了美国宇航局(NASA)的登月计划。然而到了 20 世纪 90 年代和 21 世纪前十年,IBM 却远远落后于 NASA,每年亏损数十亿美元。

2008 年 11 月,在分析了城市技术潜在的巨大市场后,IBM 开始实行"智慧地球"计划。根据 IBM 当时的首席执行官塞缪尔·帕米萨诺(Samuel Palmisano)所说,城市需要变得更智能,以实现更广泛的可持续发展和经济增长目标。数字技术将作为应对政治和公共议程挑战的首要手段。随后，IBM于 2011 年将"更智能的城市"注册为商标。其他大型科技和工程公司纷纷效仿，西门子和思科（Cisco）等公司也在开发以城市为中心的产品和服务，并配以类似的宣传语和故事，将城市未来的成功与数字技术挂钩。新市场对 IBM 这种公司的重要性显而易见，智慧城市的产品和服务约占其全球收入的四分之一。

为了进一步融入、鼓励并发展"智慧城市"市场，大量的世界城市排名采用了这一指数。英国智慧城市指数（UK Smart Cities Index）是一项用来衡量城市如何利用数字技术解决城市问题的年度指标。榜单上的城市被分为"领跑者""加速者""挑战者"和"追随者"。这些头衔毫无疑问在传达一个信息：所有城市都应立志成为"领跑者"，"追随者"应该感到羞愧。有关"智慧城市"建设进展的指数和报告还包括如何提升排名等建议，以鼓励各个城市争夺"最智慧"的头衔，并实现向数字技术投资的承诺。然而这些指数没有衡量影响和产出："智慧城市"的进展和投资在多大程度上真正改善了人们的生活，又兑现了多少承诺呢？实际上，无论这些举措取得了什么成就，也不管数字化是否是实现政策目标的最佳手段，它们都会得到认可。

在英国，布里斯托和伦敦等城市一直在极力宣传他们的数字凭证。布里斯托以"开放的布里斯托"为宣传口号，吸引支撑"智慧城市"计划的企业。然而，数字化的重点已经扩散到城市的其他方面。布里斯托的口号也呼应了科技巨头关于"智慧城市"的模糊承诺，他们声称：

> "智慧城市"战略没有对当地的问题视而不见，反而会打破界限，与解决问题的工作协同推进，这点很重要。这一战略还会以更智慧、更有效的方式，使服务覆盖全市范围，提高资金利用率，使城市服务其所有市民——无论是生活在贫困线以下或贫困线附近的人，还是其他更幸运的人。[8]

事实证明，这些以城市为主导的"智慧化"举措实际上还不如随之而来的炒作。许多"智慧城市"利用非传统的解决方案来识别一系列公共议题，以验证其政策和投资的合理性。一般来说，这些城市必须面对的课题如下：容纳不断增长的人口，应对气候变化，提高水和能源等资源的利用率，减少交通堵塞，优化整合公共交通等。然而，并没有具体信息表明数字技术对解决这些紧迫问题有实际作用。只要我们相信数字技术能解决问题，它就会在未来的某个时间点以某种方式实现。"智慧城市"不急于评估成果和产出，反而先以模糊的语言勾勒出一个美好的未来作为宣传点。

推进"智慧城市"的另一个特点是，承诺实现"智慧城市"是一个轻松的过程。在维也纳（Vienna），"智慧城市"计划的驱动力是可持续发展。作为地球上的众多物种之一，人类以不可持续的方式消耗着地球资源，改变着地球的气候。城市既是始作俑者，也是受害者：

> 像维也纳一样的城市尤其会受到这种发展模式的影响。人们彼此之间住得很近，住宅区、工作区和休闲区都相距不远。能源消耗、二氧化碳等温室气体的排放都集中发生在城市。城市空间受全球变暖和资源稀缺的影响更大，这将严重影响人们未来的生活。[9]

提高资源利用率的解决方案是利用数字技术。维也纳智慧城市战略框架（The Smart City Wien Framework Strategy）[10]阐述了城市将如何在减少资源使用的情况下保持生活水平。与世界各地的其他城市一样，维也纳也想分一杯羹，利用数字技术设计完美的解决方案，以绕过围绕改变生活方式而产生的困难且有争议的选择：我们可以通过更数字化的手段来拯救地球，你们的生活不会受到任何负面影响，还可以省下一笔钱。"智慧城市"爱好者如是说。智慧化被形容为解决人类碳密集型生活方式和资源消耗依赖的灵丹妙药，帮助人类社会继续发展，避免走到气候灾难的边缘。拖延并取代困难的问题和决策并不是城市使用智慧化和数字化技术的唯一方式。一些地方大力通过互联互通来为其新的开发项目打上个性标签，比如韩国的松岛。

松岛国际商务区（Songdo International Business District）是位于首尔以南 30 公里处的新开发区，占地 600 公顷。这座城市始建于 21 世纪第一个十年的中期，由美国开发商盖尔国际（Gale International）资助并设计，部分所有权属于另外两家房地产投资公司。松岛的设计包括两个主要部分。首先，它试图汇集全球其他标志性城市的元素，包括威尼斯运河（Venetian canals）、纽约中央公园（New York's Central Park）和悉尼海滨。其次，松岛不仅是一座智慧城市，而且是世界领先的智慧城市。在这里，数字技术可以连接和满足居民所有需求。为了强调这一特点，松岛的宣传点为"无处不在的城市"，强调建筑、服务和居民都沉浸在数字世界中，传感器会实时汇报一切，从公共交通到能源使用情况，无所不包。在松岛，各项服务以大写字母"U"为前缀："U–健康""U–交通""U–管理"等。"U"的含义就是无处不在。

凭借复刻世界著名地标和无处不在的数字连接，松岛的支持者确信他们必将成功。但这座城市还没有起步，未能吸引到移民和企业，而且大部分技术都没有投入使用。有评论员甚至称其是像切尔诺贝利（Chernobyl）一样的空城。[11] 抛开数字连接，松岛并不是一个吸引人的住处。有一种设想是数字连接是"杀手级应用程序"，将带动房地产销售，同时为地区和国家带来经济增长。这个设想不只存在于韩国——从葡萄牙到阿拉伯联合酋长国，其他国家也遵循了类似的做法。这一设想蒙蔽了开发商、建筑师和规划师的双眼，让他们无视良好的场所营造对于城市成功的重要性。智慧化成为全球城市梦寐以求的"必备品"，但"智慧城市"故事的第二章并非全部围绕房地产展开。一些城市针对智慧化采取了不同的方法：台北等地使用数字技术来进行灵活的道路收费和改进公共交通，以解决交通拥堵问题；新加坡等城市发展了在线诊断和医疗服务；里约热内卢（Rio）利用闭路电视摄像网络的实时数据监控犯罪以及预测山洪等环境威胁。在这些例子中，智慧化对具体问题的解决起到了协助作用，而非能够自动解决城市面临的所有挑战。

"智慧城市"故事的前两章只是自21世纪第一个十年初以来数字技术对城市造成大规模冲击的前奏。然而，在这个智能时代，城市有两种不同的发展方向。首先，数字投资和市场契机的重心将从公众转向个人和企业。虽然城市和政府不断宣扬"智慧城市"和数字技术的好处，但随着智能手机自下而上的普及、海量个人数据共享的创建、在线零售的增长以及云计算的推行，"智慧城市"和数字技术几乎已经沦为无关紧要的背景。[12] 无处不在的数字城市就在这里，但这种无处不在的焦点在于个人而不是公众，因为移动设备掌握在公司而非政府手中。

"智慧城市"故事的第二个主要不同点也随之出现。以前，数字技术应该支持增长和变革计划，让城市变得更美好。但企业—个人形式的"智慧城市"受控程度低，可控性较差。

现在，多方都在推动数字技术，试图破坏并取代现行的商业模式。但他们的做法缺乏整体性和方向性，如同无的放矢。尽管这种技术变革在个人层面上具有许多优势，但"智慧城市"实际上经常使得城市面临的问题更加严重，例如住房负担和不安全的就业环境，这些我会在第3章讲到。

在为智慧化铺平道路，说服人们通过更快捷、便宜、有效的服务过上美好生活之后，城市已经失去了对智慧化的掌控。"智慧城市"计划和数字技术可能都是双刃剑，但有一点至关重要："智慧城市"的故事营造了一种氛围，让人们接受了"数字城市等同于'好的城市'，更智慧的城市是更成功的城市"这一观念。这种积极的形象为随之而来的发展潮流打开了大门，为技术主导的解决方案创造了有利氛围，并允许谷歌、亚马逊、优步、爱彼迎等公司依托数字时代的思潮和政府提供的实体基础设施发展。这是一个移动设备无处不在的时代，在这个时代，有线连接和现实空间已经为无处不在的无线连接让位。

这种"无处不在"的结果之一是使得"智慧城市"的称号贬值——如果"智慧城市"无处不在，那么把一个地方打上"智慧化"的标签还有什么优势呢？有人注意到了这一点，于是对"智慧城市"进行补充甚至取代的标签出现了，例如"智能城市"（intelligent city）——这个词沿袭了之前"智慧城市"面向美好未来的积极性和含糊性。我们现在也有可能进入

"后智慧城市"时代，[13] 因为城市开始寻找新的主题和激励手段作为宣传点，来吸引投资和商业。这些新的主题可能是弹性城市、可持续城市或者其他名头。这并不意味着智慧化会消失，反而意味着城市正在针对不同的受众和利益集团推出一系列的形象和故事。

然而，将"智慧城市"打造成品牌，其隐含的前提是城市本身处于投资和发展数字技术的主导地位。情况本应如此，但城市现在已经失去了对故事的控制。现如今，城市从故事的主角沦为了故事的背景。因此，在继续预测"智慧城市"故事的下一章之前，我们应该停下来思考一下，为什么城市不再是自己命运的书写者。

是什么推动了以企业－居民为主导的智慧城市的发展？

从以城市为主导的公共智慧城市到以企业－居民为主导的数字城市，发生转变的原因很简单，那就是人。城市是我们大多数人居住的地方，也是地球上最大的实体市场，聚集了需要商品和服务的人。个人数字技术主要（但不限于）以智能手机为媒介，提供了新的、更高效的方式来收集人的数据——我们何时何地想要什么——然后用这些数据来说服我们购买更多东西。公共智慧城市可能会将自动驾驶汽车作为美好生活的宣传点，宣称让城市更高效、更可持续地运行，减少犯罪，改善健康。然而现在的"智慧城市"实际上却在收集数据，目的是更好地吸引我们掏钱，比如谷歌和脸书的个性化广告推荐，亚马逊尽其所能地向我们推销，或者像优步和爱彼迎那样引导我们出行并提供住宿。然而，二者之间存在协同作用：更高效的公共交通、灵活的劳动力市场，以及其他有助于解决信息不对称的成果，都将使城市变为更有效率、更有利可图的市场。

这场博弈的赌注之高超乎想象。苹果和谷歌在 2018 年中期成为市值超过 1 万亿英镑的公司，到了 2020 年，两家公司的市值都在 2 万亿英镑左右。全球富豪榜的前三名都是科技巨头的掌权人，世界上最大的五家公司都涉足数字技术和数据。以前也有很多大型公司，经过通胀率换算，过去一些公司的规模甚至更大。但是，科技巨头们在特定领域都占据着主导地位，雇用的员工较之前也少得多——他们的巨额财富也高度集中在少数的几个领域。

公共型智慧城市和企业－居民型智慧城市，我们不能二者兼得吗？公共型智慧城市是否有可能在推出企业－居民型智慧城市的同时确保数字技术的优势？我们能否确保这两种模式不会相斥？在考虑这些问题时，有几点应该牢记。首先，随着公共型和企业－居民型两种模式之间的平衡被打破，城市失去了主动权，也放弃了控制权。结果就是公共智慧城市获得了新的定位，其旨在支持企业－居民型智慧城市的发展，并为之吸引投资和就业。之前亚马逊决定建立一个新总部，北美各城市都可以参与项目竞标，它们需要给出吸引亚马逊留在本市的条件。一些城市给出了巨大的税收优惠，但这些优惠政策都将由居民负担，而且当公司及其员工迁往新城市时，他们还需要解决房价和租金上涨的问题。与税收优惠等对企业有利的政策相比，公共政策和公共优先事项显得黯然失色，因为城市之间正在大打价格战，竞相推出税收激励措施和赠品以吸引投资。无论怎么看这种伙伴关系都不平等。

其次，智慧城市这两种模式的融合意味着城市应该解决的许多问题和挑战被忽视或搁置了。城市面临的许多（如果不是大多数）问题都是棘手的。有些人甚至将它们视为"邪恶的问题"。然而，这些问题与数字技术的解决方案之间存在着差距。以布里斯托为例，它是英国公认的智慧城市领头羊，也是政府和大数据如何携手合作以实现数字化未来的标志。"开放的布里斯托"是该市、布里斯托大学、诺基亚（Nokia）和NEC（日本电气股份有限公司）等公司的合资项目，旨在为创新创业创造环境，也就是所谓的"城市黑客计划"（hacking the city）。到目前为止，该项目已经提供了超过200个线上可得的数据集，涵盖污染、能源使用、健康、交通等方方面面。其中大部分是由1500个无线电连接的路灯实时收集的，通过数百公里的新光纤电缆传输，由公共Wi-Fi热点传播。"开放的布里斯托"的世界观如下：

城市的运作方式正在发生变化。通过使用数字技术，我们正在创建一个开放式可编程的城市，为市民提供更多途径参与城市运作，为城市做出贡献。[14]

"开放的布里斯托"项目负责人兼首席技术官迪米特拉·西蒙尼杜（Dimitra Simeonidou）教授说，他们的目标很明确："我们正在为创新发展营造一个大环境，在一两年内，全世界将会在布里斯托看到智慧城市的未来。"[15]

布里斯托也在另一个排行榜上名列前茅，然而这个排名就不那么值得自豪了。迄今为止，该市人均阿片类药物使用率在整个英格兰南部最高，大约是其他地区平均水平的两倍。[16]阿片类药物的使用率也反映了其他社会经济指标，尤其是贫困情况。布里斯托持续被纳入英格兰最贫困的地区之列：2015 年，16% 的布里斯托尔居民（共计 69000 人）生活在英格兰最为贫困的地区，其中包括 17800 名儿童和 10500 名老年人。[17]

城市面临的问题很复杂。政府需要解决一系列"棘手问题"——有限的资源、脆弱的杠杆、摇摆不定的选民以及注意力下降使得人们习惯性地寻求"一键式"解决方案。毫无疑问，各级政府都希望通过满足公众需求"轻松取胜"。从某种程度上来说，"智慧城市"正在发展，因为它吸引了当权者——这让他们看上去是有所作为的，尽管不一定是城市所需要的。"智慧城市"的故事是我们想听到的。

"智慧城市"和以数字技术为驱动的解决方案对如此复杂的社会和经济问题几乎毫无用武之地。但这是问题所在吗？虽然"智慧城市"做过一些"承诺"，可以应付一小部分的简单问题，但其关注面很有限。人们应该根据是否适合数字技术"框架"来划分所面临的问题。阿片类药物成瘾并不是城市面临的唯一复杂问题，除此之外还有住房压力、肥胖问题、人口老龄化和经济差距。无论成功与否，有一点越来越清晰，正如我在本书中将进一步论证的，新兴的企业 – 居民型智慧城市并没有让世界变得更好，反而变得更糟了。

这并不是说在当前"智慧城市"的推行和发展轨迹中，居民个人和整个社会都没有获益。有些人立即将"智慧城市"与新冠肺炎疫情联系起来，他们指出数字技术用特有的方式成功遏制了新冠肺炎疫情的蔓延，强调数字技术能够在未来有效阻止新冠肺炎疫情的传播。[18] 他们认为，"智慧城市"之所以未能替我们解决新冠肺炎疫情和其他流行病困境，唯一的原因是人们对于追踪个人数据太过敏感。如果在采取适当保护措施的前提下，我们能够接受公开更多的个人数据，那么我们在城市中就会更安全。还有人声称，受疫情影响，我们的城市街道变得空空荡荡，碳消耗和污染减少，反而让我们看到了真正的"智慧城市"生活[19]——使用智能手机和信息共享有助于人们保持社交距离。同样，只要我们给予"智慧化"充足的投资，说服那些不愿意接受沉浸式数字解决方案的社区，上述"智慧城市"的图景将会变为现实。

智慧化倡导者的关注点也发生了微妙的转变。居家办公使得工作场所从城市中心转移到了郊区和周边城镇，此时就需要加大投资，以实现城市外围数字带宽的更大范围覆盖。城市和数字技术将如何应对新冠肺炎疫情还有待考察，但是这可能会给不同的地方和社区带来不同的影响。疫情扩大了城市内现有的不平等现象，特别那些不能居家工作的人因此而失业，同时疫情也给不同种族和年龄阶段的人群带来了不同的影响。[20]

"智慧城市"故事的下一章会是什么走向

"智慧城市"的故事发展如日中天，但它也是一把双刃剑。是否有迹象能指明故事的走向？故事的下一章会是什么样？尽管新冠肺炎疫情必然会影响数字化在城市的推广，社会各界仍然存在各种热切的讨论，人们仍然设想了一个乐观光明的数字未来。毫无疑问，城市的未来在很大程度上将由数字技术驱动，特别是科技巨头也打算在现有势头的基础上继续推广智慧化。

在过去，科技巨头几乎与政治井水不犯河水。但随着科技行业逐渐政治化，他们开始涉足政治，这一点我将在第 4 章讨论。从人工智能到零工经济，从住房问题到税收，从医疗保健到金融服务，这些已经成为主流政治辩论的焦点问题。等到苹果和脸书有一天推出全球数字货币，再想要把实现愿望的精灵赶回神灯就太晚了——科技巨头现在已经具备成为民族国家的政治实力和经济实力。

在我看来，企业接管城市的可能性更大。他们不仅提供服务，而且可以实行法国哲学家米歇尔·福柯（Michel Foucault）提出的"生物政治学"（bio-politics）。[21] 福柯提出，传统的社会控制方式——如中世纪用以塑造社会的武力和监禁，在自由主义下已被新形式的服从和控制所取代。在现代社会中，我们的行为，即知识和真理以及我们对生活的期望，都被内化了：我们自己管控自己。这种内化的规范来自强大的利益集团和政府。在我们的城市中，政治焦点和公认的行为可接受性越来越取决于"智慧城市"的故事。正如我们在上一章看到的，这个故事被去掉了锋利的边缘，取而代之的是圆形的桌角和用来哄孩子的幼稚选项。政治和选择并没有在数字技术下消失；他们只是转移到了新的舞台，换了新的演员表演。城市和政府正在将数字技术提供的解决方案与城市存在的问题并置，根据解决方案反推需要解决的问题。如果这就是"智慧城市"故事的发展轨迹，那么我们将面临一个简化的未来。我们不仅被剥夺了作出艰难选择的机会，而且连选择的选项都见不到。人类社会的互联互通是以数字技术带来的破坏和挑战为代价的。然而，有些城市对这种单调乏味、同质化、全向性的未来并不买账。还有一些城市开始意识到数字技术带来的挑战。如果仔细观察，我们会发现将有其他故事替代"智慧城市"的叙事。

第3章

当"智能化"进入城镇时会
发生什么

1984 年，史蒂芬·列维（Steven Levy）的《黑客》（*Hackers*）出版，[1]同年，苹果公司推出了麦金塔电脑（Mac）。《黑客》广受好评，在这本书中，列维描绘了他所谓的"数字探索者"的崛起，这群早期技术人员后来创立了世界上最大的公司。但在那个时候，金钱和成功的观念让位给了一种文化——一种可以称之为团队精神的态度。这种态度着眼于从计算机代码和电子产品之美中获得审美享受和个人乐趣，从而让一切变得更好，反对集中式系统和产品。这就是"黑客行为"（hacking）。有一点可以肯定，黑客行为与金钱无关。他们只是独自一人在卧室里改进代码，让程序运行得更快、更优雅；只是一群志同道合的朋友因友情聚在一起，为大众设计并制造廉价的计算机。

这种黑客精神现在已成为硅谷传说——事实上，脸书的总部就在黑客路 1 号。无论历史如何，黑客神话现在都成了科技巨头自欺欺人的绝佳借口，为了让人们相信一些行业巨头的威胁性并不像现在看起来那样大。如果脸书只是一家想要将人们聚集在一起的公司，那么它又如何会成为破坏民主的帮凶？亚马逊可能并不想成为世界上最大的零售商和数字服务提供商——它只是给人们提供了一个购买便宜东西的平台。黑客神话动摇了人们的想法，科技巨头因此而受益。苹果的黑客神话围绕着史蒂夫·乔布斯（Steves Jobs）和史蒂夫·沃兹尼亚克（Steves Wozniak）二人展开。1976 年，他们在车库里设计并制造了第一台苹果电脑，为此他们卖掉了自己的大众露营车。在都市传说中，苹果公司的标志之所以是一个被咬了一口的苹果，就是为了纪念现代计算机之父艾伦·图灵（Alan Turing）。图灵曾遭受迫害，并因同性恋而被起诉，最终吃下毒苹果自杀。愤世嫉俗的人可能会认为这个标志与苹果公司自由、创新的形象很相配。

谷歌的黑客神话则要从拉里·佩奇（Larry Page）和谢尔盖·布林（Sergey Brin）的学生时代讲起，当时他们在佩奇家的前厅工作，试图破解一个有趣的数学题。据说二人四处求借别人多余的计算机部件，并占用了斯坦福大学一半的网络带宽，以求更好地检索网络上的信息。当然，这个原本普通的故事以他们建立了世界上最有价值的公司而告终。爱彼迎的神话则要从其创始人布莱恩·切斯基（Brian Chesky）和乔·吉比亚（Joe Gebbia）讲起。当时大概是 2005 年，他们付不起旧金山公寓的租金。为了筹集房租，他们在 2007 年改造了自己的阁楼并将其出租，同时他们开发了一个网站，放上了阁楼的照片。照片里只有三个充气床垫，房费是每晚 80 美元，提供早餐。他们颠覆了现有的廉价住宿系统，并且大获成功。据传，是他们的常客鼓励他们把这个点子推广到其他城市的。正如吉比亚所说:"人们告诉我们他们想要什么,于是我们开始实现他们的想法。最终的结果就是,在解决我们自己问题的同时,我们也在解决别人的问题。"[2]

　　然而,尽管这些公司对黑客的形象进行了美化,将他们的行为贴上开放、求知和改善生活的标签,我们的生活还是被谷歌、脸书和亚马逊等少数科技巨头,还有他们的子公司 [如 Ins 和油管(YouTube)] 以及其他公司,如优步(Uber)、爱彼迎、推特和声田(Spotify)主导,他们的影响之大前所未有。这些公司都已垄断或近乎垄断了搜索引擎、流媒体视频服务、线上零售、社交网络、流媒体音乐服务等领域。但事情本不应该如此,互联网和数字技术应该给我们带来自由。20 世纪以来,人们纷纷预言垄断将成为过去,取而代之的是创造力和影响力的扩散,即所谓的"共享经济"。从早期的宣传来看,科技巨头本不会出现。互联网预示着一个开放竞争的时代,将造福消费者、促进经济发展。黑客文化可以传播知识,普及信息,提供选择,促进竞争以及让世界变得更美好。

　　然而现在只见集中和垄断,不见发展和竞争。许多科技公司亏本经营,只为了削弱竞争对手或老牌企业,直到再无敌手。2019 年第一季度,优步的亏损超过了 10 亿美元,但其拥有 9300 万固定活跃客户和 590 亿美元的全年总预订量,收入达 31.6 亿美元。2018 年,有 52 亿人乘坐优步,平均每次出行优步都会损失 58 美分。与其他平台经济公司一样,优步及其投资者正在进行赌博，因为市场上还存在另一家拼车公司来福车（Lyft），他们为了抢夺客户宁愿损失数十亿美元。我们看不到市场竞争，只能看到一些公司成了行业巨头，而我们面前是有限的选择。谷歌和脸书等公司拥有收购竞争对手的资源，因此无须担心创新、投资研发或黑客攻击。根据全球知名市场研究机构 CB Insights 的数据，自 2001 年以来，谷歌及其母公司字母表（Alphabet）已经收购了二百多家公司，包括油管、安卓（Android）和乐活（FitBit）。[3] 这些所谓的"扼杀"战略阻碍了创新和竞争。

尽管科技巨头在市场中占据主导地位，尽收市场价值和财富，但是它们仍然喜欢标榜黑客文化，塑造平易近人的形象。这种"跟人民站在一边"的形象也被用来向城市兜售数字技术，以熟悉的主题和形象塑造一个引人入胜的故事：挑战旧权威、激励企业家精神、提供自由和选择、支持社区发展。"智慧城市"的故事与黑客神话密不可分。在"智慧城市"倡导者（通常是大型跨国公司或政府）看来，我们可以对城市重新编程、创建代码，从而让城市更高效地运作，帮助人们用更环保、更高效以及更经济的方式管理城市。市民黑客将使用来自物联网的数据进行实时更新和优化。用两位领先的城市数字推动者的话来说，我们要"破解城市！"[4]

住宅游戏：从黑客神话到城市现实

受新冠肺炎疫情影响，世界各地的城市在 2020 年遭受了巨大的破坏，经济受损，商店和服务业关闭。在疫情暴发的前三个月，英国经济萎缩了 2.2%，酒吧、餐馆和商店的关闭对城市经济造成了沉重打击。其他主要经济体的情况也是如此。疫情给城市带来的长期影响难以预测，疫情的反复和不断实行的限制措施将进一步加剧这种不确定性。

新冠肺炎疫情已经潜移默化地对城市产生了深远影响，让城市发生了一些变化，如对空间的需求。受疫情期间居家办公模式的启发，许多公司开始思考是否有必要继续在城市租用昂贵的办公室。公共交通也受到了严重影响，因为人们无须出行，就算不得不出行，也会选择更安全的自驾。另外，亚马逊和其他网络供应商的需求激增，加速了实体零售的转变，因为实体零售店大多位于市中心。城市未来的不确定性吸引了人们的大部分注意力，而数字技术带来的一些影响则被忽略。事实上，网络的连通性让我们常常心存感激，多亏互联网，人们才能在家工作和购物。然而，智慧化对城市的潜在影响并没有消失。随着网络零售业的扩大，居家度假需求的激增，以及房地产租赁平台的进一步发展，智慧化的进程也在加速。

在新冠肺炎疫情暴发之前，世界各地的许多城市都在经历"爱彼迎效应"，即居民通过出租住房来满足不断增长的游客短租需求。[5]后来，有 10 个城市向欧盟委员会求助，以应对房屋短期租赁服务的增长，他们称自己的城市已经很难支持保障性住房，情况危急。原因何在？这些城市的许多住宅都不再供当地人居住，反而挂在爱彼迎网站上向游客出租。在这 10 个城市的联合声明中，他们称城市和住房存量——无论是本地人的住房还是游客短租房——都经历了"爆炸性"转变："居民在城市生活和工作，必然需要住处，不然我们的城市将逐渐成为提供游客租赁的市场。"[6]巴黎负责住宅事务的副市长伊恩·布罗萨特（Ian Brossat）清楚地阐述了城市所面临的挑战："在巴黎的四个中央区中，有四分之一的房产现在不再用作住宅区，而是作为纯粹的游客短租房区。"[7]

爱彼迎"抢走"居民的住宅并不是城市面临的唯一威胁，丧失控制权以及难以抵消数字经济的负面影响同样是城市面临的威胁。如果任由其发展下去，后果不堪设想，城市将彻底失去规划未来的能力，更遑论群策群力、开诚布公：

> 我们认为城市最了解居民的需求。一直以来，城市都能通过城市规划或住宅政策来组织当地活动。[8]

住宅共享经济最初只是为了通过利用空闲房间给房主带来一笔收入，让游客在酒店之外多一个选择。这个想法值得称赞，但现在其初心已经不复存在。因为爱彼迎和其他共享平台逐渐开始出租整套房产，租期通常是全年。络绎不绝的游客住进了原本应该租给本地人的公寓和房屋里，而投资者开始购买在爱彼迎上挂名的房产，将它们从当地的住宅存量中剔除。在阿姆斯特丹（Amsterdam）、柏林和爱丁堡（Edinburgh）等旅游热门城市，租金上涨和住房压力已经影响到了当地居民，尤其是年轻人。然而，住房压力的影响不只存在于主要城市。爱彼迎在网站上罗列出了全球8万多个地方的客房、公寓和住宅，共计超过600万间。2018年，每晚约有200万人住在爱彼迎租借的房产中。到2020年年底，该公司的市场价值超过了1000亿美元。

巴塞罗那市政务委员会的珍妮特·桑兹（Janet Sanz）议员负责处理住房事务。巴塞罗那在爱彼迎上登记的房产有16000处，对她来说，住房压力增大对这座城市的未来至关重要。桑兹说："我们的态度是零容忍。我们将尽一切努力保障城市的住房权。这些人必须明白，巴塞罗那是为巴塞罗那人而存在的。巴塞罗那首先是我们的居住地。"[9]她得到了很多支持。"Barcelona no està en venda"（巴塞罗那绝不出售），这句话出现在巴塞罗那的一个手写标志牌上。

租赁市场中房产的减少对个人、社区和街区居民产生了深远的影响。举一个例子：

一切始于九月初。房东通知我们和另外两个租户，他正在出售这栋楼。不过这不会对我们产生太大影响，因为这栋楼地段一般，且我们有齐全的长期入住权。但我们错了……在谷歌随手一搜，我们才发现这个新房东在城里拥有 17 栋楼，都是专门为爱彼迎服务的。我们是最后一个离开这栋楼、这个街区的人。这条街上曾经有多栋公寓楼，但现在只剩一家泰国餐厅和一家广告公司。每栋住宅楼都归同一个人所有，每个单元都作为爱彼迎旗下的房产出租。这里再也没有真正的住户了。[10]

此时不妨来听听受害者的建议。"如果你去一个新地方，不要从'超赞房东'那里租房。他们几乎都是大房东，利用爱彼迎来破坏社区并抬高租金。把空余的房间租出去本来是个不错的选择，但是买下房产后只是为了将其改造为短租房，驱逐原有的居民，这就不大好了。"

扰乱了市场和城市的爱彼迎现在正与连锁酒店和房地产开发商联手。它们计划开发新房以提供专门的短租房，但不会将这些房子投入当地市场进行出租和买卖。爱彼迎并不是唯一一家扩展自己服务的数字经济巨头。优步正在通过优食（Uber Eats）进军食品配送领域，并将其业务向货运领域发展，受新冠肺炎疫情影响，这些服务也在加快向线上转移。平台经济将扰乱并取代现有的市场主体，妨碍激发潜在的企业家精神、赋予个人权利、造福消费者、推动经济发展。在优步和爱彼迎等公司进入市场后，人们更容易相信这些炒作。经济和城市正在被颠覆，可是这种颠覆与黑客神话所宣扬的相去甚远。

由于受到爱彼迎和其他提供住宅共享服务的企业造成的严重影响，10个呼吁采取遏制行动的欧盟城市目前几乎尚未找到有效的控制手段。爱彼迎、优步、跑腿兔（Task Rabbit）和户户送（Deliveroo）等平台经济企业无须雇用工人，它们只充当客户和供应商之间的中间商。服务供应商与平台间没有雇佣关系，而是被归为"独立承包商"这种灵活的安排。2019年，据英国职工大会（TUC）估计，现在有十分之一的劳动力受雇于平台经济，折合下来约为470万工人，这个数字在2016年至2019年间翻了一番。平台经济背后的公司大谈个人成为企业家、随心工作等话题，而批评家则指出临时工合同的不稳定性，兼职无法享受社会福利，以及平台经济对税收产生的巨大冲击。

灵活性对工人最初的吸引力正在迅速消失。承包商被要求工作更久，报酬却更少，因为中间商的抽成更多了。正如一位优步司机所说："有时我不得不逼自己在偏僻的地方停车歇歇，呼吸几口新鲜空气或者买罐红牛。"[11] 那些以独立承包商身份工作的人也在与这种孤立作斗争——他们的雇主是应用程序，不存在任何社交互动。"这太孤独了——像一个人被关在盒子里，压力满满地在伦敦的车流中开车。老实说，长此以往，我就像一颗随时会爆炸的炸弹。"[12] 据这位司机说，许多优步司机发生事故的原因都是疲劳驾驶，而几乎没有公司对此采取任何预防措施。优步在投资自动驾驶汽车的开发，亚马逊在开展无人机送货实验，这些技术将在未来完全代替司机。

平台经济中的大公司与它们当年立志瓦解的公司并无二致。新冠肺炎疫情期间，人们都待在家中，通过网络购物满足自己的需求，快递员的数量迅速增加。快递员给居家的人投递食物和货物，自己却置身于危险之中，因此人们呼吁为快递员提供更好的保障。饶是如此，很多快递员仍然无法享受病假津贴，因为他们是自雇身份。

平台经济并不是"智慧城市"彻底转型的唯一方式。过去几年间，无论是苦苦挣扎的城市还是蓬勃发展的城市，空置的商店和建筑物都越来越多——2018 年，一些主要的零售品牌倒闭歇业，数百家商店宣布关闭——这已经成了普遍现象。总体而言，2018 年英国减少了 30000 个商业街零售工作岗位，然而这个数字与疫情导致的零售工作岗位的流失相比简直不值一提，当时每周流失的岗位多达 10000 个。2020 年，随着许多经济体在疫情期间发展网络经济，这些数字也显著上升。在英国，诸如玛莎百货（Marks & Spencer）和约翰路易斯（John Lewis）等大型街边百货品牌宣布关店。数字化造成岗位流失的一个原因在于商业街零售商的营业税比例要高得多，而亚马逊等在线零售商为外地大型仓库的运营业务支付的营业财产税则低得多。租金、土地价值和员工成本都相应降低，这使得在线零售商能够削弱商业街的竞争，迫使他们转向线上或者倒闭。特易购（Tesco）前首席执行官戴夫·刘易斯（Dave Lewis）已推动对所有网络销售的商品征收 2% 的"亚马逊税"，目的是改善网络和传统商业街零售商之间的竞争环境。[13]

贝斯波克投资集团（Bespoke Investment Group）正在绘制数字经济对零售业的影响图表，该集团一直在追踪 54 只零售业股票的指数，他们称之为"亚马逊死亡指数"（"Death by Amazon" Index）。[14]2017 年，这一指数在同等权重的基础上已下跌超过 20%，其价值损失了 700 亿美元，而亚马逊则增加了 1200 亿美元。受疫情影响，2020 年网络经济显著发展，二者的差距也进一步拉大：

自亚马逊死亡指数推出以来，亚马逊已经上涨了超过 1700%，在此期间，我们等权重的亚马逊死亡指数则落后标准普尔 1500 指数 70%。[15]

与爱彼迎一样，亚马逊也不满足于目前的市场主导地位。2019 年，亚马逊在英国开设了 10 家商店，从食品到消费性电子产品，应有尽有。这种针对商业街的转变被称为"互联网 + 实体店"的扩张模式，引领潮流的同时也反映了其他在线零售商的举措。易趣（eBay）在伍尔弗汉普顿（Wolverhampton）开设了一家商店，亚马逊无人便利店（Amazon Go）在美国和加拿大推出了杂货店。亚马逊还在向更广泛的市场扩张，如电视、消费性电子产品、音乐共享平台、劳务中介、图书出版、小额贷款和医疗保健。这些扩张将进一步影响城市，因为亚马逊利用其在网络零售业的主导地位，从中获得了大量数据，并借此来了解客户的喜好、住址、所见所闻。

数字技术也开始扰乱城市经济的其他领域。据经合组织（OECD）估计，城市中 9% 的工作面临自动化的风险，另外 25% 的工作可能会因为自动化而经历重大重组。然而，这个概括性的数字掩盖了各地之间的差异以及对特定劳动力领域的影响。[16] 英国城市中心分析强调，城市中五分之一的工作可能会因持续深化的全球化、自动化和技术变革而受到影响，[17] 仅在英国这个数字就有 360 万。有评估认为这个数字还要更高。尽管技术乐观主义者认为技术变革创造的工作岗位多于其破坏的工作岗位，牛津经济研究院（Oxford Economics）关于工作自动化增加的分析所描绘的画面同样不容乐观。[18] 该研究与经合组织一样，声称这种影响并不均衡。一个机器人平均取代 1.6 个工作岗位，但在低收入地区是 2.2 个，而在更富裕的地区是 1.3 个。正如报告所述：

　　机器人化对全球主要经济体的低收入地区造成了不均衡的负面影响——平均而言，新机器人在低收入地区取代的工作岗位几乎是同一国家高收入地区的两倍。在全球日益关注经济不平等和政治两极分化之际,这一发现具有重要的社会和政治意义。[19]

无论具体数字是多少,这种影响都是不均衡的,相对富裕的英格兰东南部以外的城市将受到最严重的打击。在一些城市,面临风险的工作岗位数量接近30%,而在其他城市则接近15%。工作类别也会对城市产生影响。在所有受到威胁的工作中,超过一半属于以下5种岗位:销售助理、行政、客户服务、财务和仓储。这些岗位在城市之间分配不均,那些吸引了低技能岗位并且通常表现较弱的城市面临着最大的风险,受影响最小的则是已经最成功的城市。

殖民、分裂和清洗:科技巨头如何塑造我们的未来

数字技术带来了好处,这点毋庸置疑,但它同时也在城市内外造成了深刻的分歧。除了推动平台经济、破坏大部分服务经济以及通过爱彼迎减少房屋供应量之外,数字技术还在一些城市产生了其他影响。例如在硅谷等地,高房价驱逐了当地居民,导致越来越多的高薪科技工作者涌入,贫富差距进一步加剧。加利福尼亚大学伯克利分校(the University of California, Berkeley)副教授阿比盖尔·德科斯尼克(Abigail De Kosnik)指出,2013年,为了便于员工在旧金山湾区和硅谷间通勤,

谷歌推出了员工接送巴士，人们对这一举措的抗议反映出大多数人更深层次的担忧以及对科技巨头引起的中产阶级化的反对情绪。苹果、谷歌、脸书和其他公司雇用的科技工作者涌入城市，这让本就深受经济混乱和不稳定之害的居民流离失所，加剧了经济适用房不足的问题，并创造了相对封闭的富人飞地。一位居民称：

> 驶向旧金山的（谷歌）巴士，早晚各一次。这些巴士上没有标志，或者说没有确切的标志，不对市民开放。大部分巴士车身是白色的，亮晶晶的，窗户却是深色的，很像豪华轿车。有时，我会把这些巴士看作外星霸主驾驶的宇宙飞船，他们已经登陆地球，来统治我们。有时，我则把谷歌巴士看作资本主义的未来，因为车上载着的人身份尊贵，甚至不需要使用公共交通工具或亲自开车。[20]

过去的旧金山属于垮掉的一代，是放弃美国梦、无心财富积累和消费的人的避难所，是自由主义、社会进步主义的避风港。现在的旧金山则是一个资本主义野蛮生长的城市，在这里，家庭住宅的均价为 200 万美元，一居室公寓的月租金为 4000 美元。大型科技公司——谷歌、苹果、优步、爱彼迎、Slack、来福车、推特等——以及这些公司的员工大大加深了城市内社会和经济的分裂。旧金山湾区的亿万富翁人数比地球上其他任何城市都多，而且这个数字还在增长。根据朱莉·莱瓦克-马丁（Julie Levak-Madding）的说法，这一"过度中产阶级化"的过程将对城市的社会构成产生深远影响，[21]例如在美国主要城市中，儿童的占比最低以及非裔美国人口不断减少（目前为 5.5%，仅为 20 世纪中叶的一半）。随着租金上涨，无力负担房租的教师等公共工作人员被赶走，曾经充满活力的艺术街区也在迅速消失。旧金山变得同质化，连出售日常用品的商店都找不着。长期居住在旧金山的评论员丽贝卡·索尔尼特（Rebecca Solnit）说："旧金山的富人更富有，无家可归者更加绝望，嬉皮士更加自命不凡。"结果就是"现在的旧金山是一座既残酷又分裂的城市"。[22]

在其他领先的科技城市，随着富有的科技精英迁入，租金在上涨，被驱逐的人和无家可归者的数量同样也在增加，被割裂的城市引发了人们的不满。由此导致了广泛的抗议活动，发生了诸如打碎公共汽车车窗、割破轮胎等恶性事件。在其他地方，亚利桑那州（Arizona）钱德勒（Chandler）地区的警方记录了二十多起居民袭击谷歌子公司自动驾驶汽车的事件。他们的行为是出于对失业的不满和对道路安全的担心。

中产阶级化不仅表现为富人涌入城市取代原有的居民。加利福尼亚州北部的东帕洛阿托市（East Palo Alto）现在已经成为硅谷的代名词，它在 20 世纪 60 年代是一座多元化、多种族的城市，是拉美裔、黑人和其他族裔的家园。新涌入的科技工作者削弱了这座城市的多元性。[23]

正是因为旧金山的前车之鉴，柏林的基层社区才会抵制谷歌。在新兴的时尚街区克罗伊茨贝格（Kreuzberg），积极分子们团结起来反对在变电站旧址上建立谷歌园区。出于对中产阶级化和科技巨头的担忧，一些人开始采取行动。正如"滚开，谷歌"网站背后的积极分子谢尔盖·施密特（Sergey Schmidt）所说："我相信这对克罗伊茨贝格的未来至关重要，对于社区至关重要，但其重要性远不止于此。我很担心，谷歌不仅会是一个可怕的邻居，还会是个可怕的实体。"[24] 面对有组织的持续抗议，谷歌取消了新园区的建设项目。没错，克罗伊茨贝格可能赢得了这场遭遇战，但在当地政界人士的支持下，谷歌和其他公司在德国首都找到立足点只是时间问题。

正如预期的那样，数字技术正在以不同的方式冲击着城市。在旧金山、柏林和伦敦等一些城市，数字技术正在扩大分歧，驱逐穷人，加剧城市的同质化，使其缺乏多样性和差异性。其余城市则苦苦挣扎，工作岗位的流失以及实体店关门转移到线上对社区造成的负面影响将导致这些城市被进一步掏空。城市和政府正在采取哪些措施来遏制这些负面影响？目前很多人都拿不定主意。不同级别的政府（地方、地区、国家）甚至同级政府的不同部门之间也存在斗争。城市仿佛患有精神分裂症，因为政府中有部分人希望在加强监管和减轻负面影响的同时鼓励、促进科技巨头和"智慧城市"的推行。

这种双重思维的主要动力来源于全球的城市都在通过放松监管、鼓励新公司创立或迁移来争夺数字化工作岗位。在纽约,地方和州政府决定向亚马逊提供高达 28 亿美元的补贴和税收减免,以换取该公司的下一个分部在此落户。这一做法存在争议,尤其是在考虑到城市中流民的情况下。"好工作第一"(Good Jobs First)是一个分析科技巨头所得甜头的监督组织,据他们计算,美国各州和地方政府已承诺提供 93 亿美元来吸引地球上一些最富有和最赚钱的公司。[25] 他们的慷慨行为主要有两个原因。首先,这样能为城市居民带来工作机会,尤其是技术相关的工作,也有利于地方和州官员连任。面对全球竞争和有限的资源,"智慧城市"战略为需要恢复经济的社区提供了"可行的政治路线"和"合理的政治解决方案"。[26] 然而,这些补贴能帮助到大公司,却帮不到小公司——为希望扩张的小型本地公司找到类似的支持政策可能只是徒劳。正如一位评论家所说:

> 如果你能给一个社区带来很多工作,那真的很不错……因此,项目管理员将向亚马逊提供补贴,以此换来城镇的配送中心和 600 个工作岗位,但不会给可能在店面增加两三个工作岗位的当地文具店提供补贴。[27]

其次，科技很有吸引力。"智慧城市"的故事不仅宣传了数字经济即未来的理念，还宣传了其有助于以更低的成本更有效地解决城市面临的许多挑战。然而，为了支持一个行业以及这个行业里大公司的发展，吸引科技工作岗位的竞争正在扭曲城市经济。城市处于失去经济弹性的危险之中，忽视了数字技术在创造新就业机会的同时也干扰、破坏了其他就业机会。例如，尽管前几轮从制造业到服务业的经济结构调整在一些城市和地区留下了痕迹，但其中许多城市并未重获新生。数字化挑战将导致这些历史遗留问题更加严重。

回到未来

1850 年，工厂老板泰特斯·索尔特（Titus Salt）决定放弃英格兰北部的布拉德福德（Bradford），将工厂设在 3 英里 ① 外艾尔河畔的绿地，因为布拉德福德过度拥挤且污染严重。除了新工厂，索尔特还建造了一个名为索尔泰尔（Saltaire）的自给自足的新城镇，这里有住宅、商店、教堂、图书馆、公园、学校和医院。这一举措的目的并不明确，但据他的传记作者大卫·詹姆斯（David James）[28] 称，索尔特有种种考虑，包括社会良知、发展工厂的空间、控制劳动力、建立工业王朝，他甚

---

① 1 英里约等于 1.6 千米。——编者注

至有一种"替天行道"的使命感。毋庸置疑，他抛弃了布拉德福德，放任这个城市及其人民在悲惨的境地中自生自灭。

快进到 2012 年，脸书创始人马克·扎克伯格宣布，他打算在硅谷总部附近为 6600 名员工及其家人建造占地 80 公顷的脸书城（Zee Town），预计耗资 2000 亿美元。这项计划部分出于扎克伯格希望加强企业文化、提高员工忠诚度并鼓励员工专注工作的愿望。与 19 世纪的索尔泰尔一样，脸书城将自成一体，拥有学校、商店、酒店和休闲娱乐设施，并以其创始人的名字命名。伯恩维尔（Bournville）是 1879 年吉百利家族（Cadbury family）在英格兰中部地区建造的另一个工业小镇。这两地都没有酒馆或酒吧，索尔泰尔和伯恩维尔试图全面建立家长式的领导制度，管控工人生活的方方面面。而阳光港（Port Sunlight）则由利华家族（Lever family）于 1888 年建造，这里有一座教堂，可以满足做礼拜的需求。美国在 20 世纪 90 年代开发了迪斯尼庆典小镇（Disney's town of Celebration）；20 世纪 80 年代，佛罗里达州建成了私人运营的滨海城（Seaside）。

苹果公司采取了另一种方式巩固公司的控制权。位于库比蒂诺市（Cupertino）的苹果总部大楼（Apple Park）是一座占地 280 万平方英尺、价值 50 亿美元的圆形建筑，周长一英里，从太空就可以看到。库比蒂诺拥有 60000 人口，已经算得上一个过度拥挤且地价昂贵的城市。该大楼于 2017 年 4 月开业，可容纳 12000 名员工。尽管市政府已经和苹果公司展开讨论，但这家年营业额接近 3000 亿美元的公司并不情愿对抵消其发展带来的影响有所贡献。只有 10% 的劳动力居住在库比蒂诺当地，这里有 9000 个停车位，停的绝大多数都是私家车。由此带来一个明显的后果——交通拥堵。有消息称，本已过热的当地房地产市场进一步膨胀，需求增长了约 284%。[29] 苹果给出了什么回答？他们投入了 585 万美元，用以支持库比蒂诺建设经济适用房。但苹果公司无意帮助当地社区减轻交通拥堵、降低房价。此外，苹果公司还无视当地人的正常需求，想方设法地阻止当地人使用公共空间，甚至不惜斥巨资在别处建造一座公园。

尽管苹果和脸书看似采取了不同的措施，但本质是相同的——二者都无心参与到员工生活和工作所在的社区之中。正如丹·温特（Dan Winter）所说：

> 苹果公司的新总部是逆时代潮流的，它睥睨着自己的所在之地和地球上所有的城市。人们认为苹果定义了未来的外观和感觉，这点当然没错，苹果公司出品的电脑和手机看起来就像科幻小说中的产品。库比蒂诺也存在 21 世纪郊区特有的交通问题、住房问题和经济问题。然而，苹果公司建造的这座大型总部的灵感却来自 20 世纪中叶，使得这些 21 世纪的问题雪上加霜。被玻璃幕墙

包裹着的苹果总部大楼宛如被塞进这个街区，与周围格格不入。[30]

旧金山湾区规划和城市研究协会（San Francisco Bay Area Planning and Urban Research Association）的编务总监艾莉森·阿里夫（Allison Arieff）以另一种方式表达了苹果公司对当地社区的态度："苹果公司想在每件事上都创新，可在这件事上却没创新……住房和交通问题令库比蒂诺头痛不已，但是苹果公司却压根不在乎。"[31] 苹果和脸书这样的全球性大公司并不关心公司所在地的死活。但对于这些被公司抛弃的城市和社区来说，影响却是实实在在的，比如库比蒂诺和脸书所在的门洛帕克（Menlo Park）。就连我们也间接感受到了数字革命的后果。科技巨头从城市和它正在制造的问题中抽身而去，放弃了公共领域，拒绝加入现有的社区。无论是建造新城还是全面管控，令人担忧的是否认与社会其他人的共同未来以及面临的共同问题。脸书可能有将世界团结在一起的打算，但他们看待自己命运的方式却全然不同。然而一旦我们开始接受这种态度，并将其内化——如之前提到的福柯的"生物政治学"那样，这是非常令人担忧的。这种态度也反映了一种思想倾向，即政府应当收拾残局，扮演守夜人的角色，倘若发生内乱，政府需要解决纠纷、提供基本的公共产品。

这些影响不只局限于一个地区，而且正在蔓延到其他地方。2018 年年底，推特签署了住宅区站（Uptown Station）的租约——这是一栋占地 365000 平方英尺 ① 的办公楼，作为其 2000 名员工的办公基地。这栋楼位于奥克兰（Oakland），一座距离旧金山 12 英里车程的城市。一段时间以来，奥克兰正在经历科技繁荣带来的连锁反应——房地产价格和租金上涨以及住宅负担能力恶化。当地人担心推特这一举动会不可避免地让一切变得更糟。该市的经济适用房开发项目只提供了 28 套住宅，但有 4000 人申请购买。人们的热情可以理解，因为在奥克兰，工资六位数还是低薪一族。甚至在推特宣布之前，该市就有 3000 多名流民。与其他受到科技巨头影响的地区一样，其影响甚至不限于种族和阶级。自 20 世纪 70 年代后期以来，居住在该市的非裔美国人的比例从 50% 下降到 16%。与此同时，优步的一位旧金山联合创始人在 2019 年斥资 7250 万美元买下一套房子。

　　硅谷也开始采取一些措施，但这些措施的力度不够大，且为时已晚。谷歌宣布将在 10 年内释放出其在湾区拥有的土地用于住房开发，针对不同收入水平的人群建设 15000 套住宅。谷歌还将投资 2.5 亿美元用于补贴经济适用房的开发。脸书已承诺提供 5 亿美元支持旧金山湾区的经济适用房，而微软则宣布提供 5 亿美元的低成本贷款，用于在西雅图建造经济适

---

① 1 平方英尺约等于 0.09 平方米。——编者注

用房。尽管湾区在 2011 年至 2019 年期间增加了约 700000 名员工，但住房存量并没有跟上人口的增长速度。该地区的建成区看起来与 20 世纪中叶的样子非常相似。人们本以为科技行业能够让工作方式变得更灵活，人们可以在不同的地方办公。然而，让人觉得有些讽刺的是，科技公司似乎在背道而驰。由于疫情，包括推特在内的许多公司已宣布将居家办公作为常态，但这种工作模式能否永久推行尚未可知。

有些人不想为补救数字技术带来的破坏出力，于他们而言，数字技术本身就是逃避其对城市的负面影响的一种手段。科技作家道格拉斯·洛西科夫（Douglas Rushkoff）在《卫报》（*The Guardian*）上写道，他被邀请出席一个活动发表讲话，与会者都是超级富有的投资银行家。他们对下一个"大事"是什么漠不关心，反而询问洛西科夫，他们应该如何使用数字技术来减少不可避免的社会崩溃带来的损失：

> 从埃隆·马斯克（Elon Musk）的殖民火星到彼得·泰尔（Peter Thiel）的抗衰老研究，再到山姆·阿尔特曼（Sam Altman）和雷·库兹韦尔（Ray Kurzweil）将其思想上传到超级计算机中，他们正在为数字化未来做准备。然而他们的初衷并非让世界变得更美好，这些项目完全跳出了人类的生存环境，只是为自己提供了一个安全区，将气候变化、海平面上升、大规模移民、全球性流行病、

本土主义恐慌和资源枯竭等当前切实存在的危险隔绝在外。对他们而言，未来的技术实际上只指向一件事，那就是逃避。[32]

城市的反击

除了夺人眼球的抗议活动和对抗科技巨头的反击——遏制爱彼迎的传播（大多数主要城市），通过许可证限制优步的活动（伦敦），拒绝向亚马逊物流中心落地支付费用（纽约）——全球城市都在进行着抵制活动。如巴塞罗那首席技术和数字创新官弗朗西斯卡·布里亚（Francesca Bria）所说，第一步是颠覆和取代"智慧城市"故事：

> 我认为，我们需要在技术世界中讲述新的故事，一个不同于硅谷的监控资本主义的故事，这一点非常重要。[33]

对于巴塞罗那来说，这意味着否定数据和数字技术可以提高城市运行效率的说法。这一主张肯定了当前的发展轨迹，反对变化。相反，该市使用数字技术来帮助识别并确定公民实际事务的优先级——经济适用房、能源转型、空气质量和公共空间。巴塞罗那称之为"技术主权"。如果城市接受度高，那么接受科技巨头的塑造会更容易。如果是二三级城市,一方面苦于竞争,一方面又面临着众多复杂的挑战,那就没那么简单了。在桑德兰、莱比锡或巴尔的摩等地,问题不在于中产阶级化和住房压力,而在于歇业的商店、高失业率、低工资和企业倒闭。英格兰北部的唐卡斯特(Doncaster)和法国的米卢斯(Mulhouse)等地通过专注发展网络巨头无法提供的东西——购物和休闲——成功吸引了移民,增加了就业岗位。支持并激励独立零售商的发展提供了另一种选择,一种有弹性的、不易受到价格战影响的模式。一些城镇中心正在向古代集市回归,成为人们的集会之所。随着积极分子的反对情绪高涨,城市开始使用数字技术作为反对其自身的工具,柏林与多伦多可以通过数字技术进行交流。然而,尽管反抗势力日益壮大,发展经济的压力仍然制约着城市:无论是大型仓库配送中心带来的投资和就业机会,还是以更低成本提供更好服务的承诺,这些条件的吸引力都极大——即使科技巨头正是造成其中一些问题的罪魁祸首。除非你住在纽约州的肖达克镇(Schodack)。2018年6月,当地开发商提交了一份占地 100 万平方英尺的亚马逊物流中心(仓库)规划申请,价值 1 亿美元,并承诺提供800 个全职岗位,其中大部分岗位享受最低工资。亚马逊在美国拥有 75 家此类服务,其中大多数都涉及地方和州政府的税收减免,肖达克镇配送中心的补贴约为 1300 万美元。[34] 当地报纸《时代联盟报》(*Times Union*)在讨论对世界上最富有的人和地球上最有价值的公司提供补贴这一现象时认为，"'纳税人'的资金应该用于完善他们自己的社区，而不是进了企业的腰包"。[35]

当地人的反应很有趣，也很发人深省。该地区被划为仓储区，因此他们有如此反应并非出于原则，而是多种因素导致的。首先是公司的身份，另外还有在失业率非常低的地区所创造的工作类型、员工工作环境和相关补贴。但与许多国家一样，美国尚在规划的体系不考虑项目提案背后的公司，只考虑原则和影响。因此，当地社区只能以环境理由——加剧交通拥堵、空气污染等来反对提案，而不是基于他们对社区的愿景。换句话说，他们不喜欢公司，也反感公司在当地的做法。他们的反应可以说是为了发展而反对发展。这是一场他们可能会输掉的战斗，因为他们被迫专注更狭窄的规划领域，而不是使用规划系统来解决更广泛的问题。

在大西洋彼岸的法国里昂市附近，许多村庄的居民走上街头，反对亚马逊另一个仓库的建设计划。2018 年年底，法国"黄背心运动"爆发，起因为抗议政府加征燃油税。这一抗议活动有广泛的群众基础，获得了整个政治领域的支持，逐渐从核心的经济正义蔓延到其他相关问题，包括在亚马逊仓库外的抗议。亚马逊之所以成为靶子，是因为其工作条件和薪酬令人不满，税收份额不公。尽管如此，亚马逊仍然解雇了 10 名发帖支持抗议活动的员工，使得矛盾进一步激化。与美国一样，尚在规划的系统成了质疑在里昂附近建设运营中心的一种手段。反对者提出了有关交通影响和空气污染的合理观点，但他们的愤怒更多是由工作条件、工人权利、言论自由和网络公司税收引发的。

城市的数字殖民化

科技冲击对城市造成的影响十分复杂，充满了不确定性、不稳定性、机会主义和日益加剧的不平等性，引人焦虑。新冠肺炎疫情加剧了这一基础性的生存威胁，人们开始怀疑城市的未来。我们不知道城市将面临的长期经济影响是什么，以及如何应对这些巨大的变化和挑战。除了经济挑战之外，城市的未来还有另一个更深的层面。数字化不仅在扰乱城市，还在试图殖民。在巴黎副市长伊恩·布罗萨特（Ian Brossat）看来，[36] 不应纵容数字跨国公司变得"比城市更强大，比国家更强大"。然而，平台经济的诱人卖点使得与企业侵占之间的斗争变得更加困难，更不用提那些使我们沉迷其中的技术了——这些技术我会在第 5 章中讨论。部分诱惑来自语言和话术，它们强化了硅谷渴望延续的神话。爱彼迎依然称呼"房东"而不是业主，强调"热情好客"而非业务，尽管爱彼迎的绝大多数房源都是整套公寓和住宅，而非空房间。同时，他们也希望我们将此类服务视为共享经济，而非平台经济。

科技巨头面临的一些城市问题已经存在很久了——克罗伊茨贝格区的居民也许觉得他们逃过了谷歌的中产阶级化，但该地区仍然在发生变化，现在如此，将来也会如此。这不仅是新一轮的中产阶级化浪潮，也是一波新的资本主义浪潮。在数字经济背景下，商业不仅可以在城市的物理空间中牟利，还可以在城市本身的运行中牟利。这对于许多政治家来说很有吸引力——数字技术的诱人就在于它免去了混乱、复杂、耗时的政治妥协。如果人们可以高效地作出选择、表达意见，又有什么问题？正如新城市基金会执行董事麦克斯韦·安德森（Maxwell Anderson）所说："我们选出解决问题的人，然后回归日常生活不管不问，这一想法正在动摇。城市的决策权正在转交到通过移动设备实时反映诉求的市民手上。"[37] 数字技术既是罪魁祸首也是解决方案，它破坏了城市的政治和经济，扰乱了我们的管理方式和计划，但也提供了一个不错的替代方案来消除它所造成的破坏。

在《黑客》出版 25 年后，史蒂芬·列维新增了一个后记，讲述了硅谷当前的黑客文化：

新一代的黑客已经出现，他们不与商业为敌，而是将商业的想法和创新视为能最大限度上获得认同的手段。以脸书首席执行官马克·扎克伯格为例，2008 年，他参加了一个活动，与会者都是有兴趣成为互联网企业家的人，他告诉观众，"建立黑客文化是我们共同的追求"。

与盖茨的情况一样，经常有人指责扎克伯格背弃了黑客理想，因为他拒绝其他网站访问脸书用户上传的信息。但扎克伯格称事实恰恰相反。"说我想垄断信息，因此拒绝其他公司，纯属子虚乌有"，他说，"我认为大家都应该共享信息。倘若世界变得更开放，有更多获取信息的途径，这有什么不好呢？在我看来，这是黑客文化的核心——'信息自由'"。[38]

2020 年，脸书成为赞助商联合抵制的对象。因为脸书没有管控平台上的仇恨言论，多达三分之一的常规广告商纷纷暂停在脸书上投放广告，以示抗议。扎克伯格的愿望可能是信息的免费互通——包括仇恨言论在内，但盈利才是如今脸书和其他公司黑客神话的决定要素。事实再简单不过，脸书、推特、Ins 及其同类公司势力强大，影响深远，这也是阿迪达斯、星巴克等公司纷纷取消与其合作的原因。脸书对黑客神话的观点可能是夸大其词，但股价是底线。数字媒体极具影响力，可以左右选举，而且与利益挂钩——这一现实应该为城市和城市管理者敲响警钟。

第4章

联盟：政府、学术界和科技巨头如何接管城市

2017 年，苹果零售业务主管安吉拉·阿伦德茨（Angela Ahrendts）宣布苹果商店不再存在。为了实现更宏大的全球主导梦想，该公司想要与公众建立实体接口。"事实上，我们不再称之为商店了"，她说，"它们现在叫城镇广场（town squares），为每年访问我们的 5 亿人提供聚集场所。那里欢迎所有人，也是所有苹果产品的聚集地"。[1] 从某种程度上来说，这种转变背后的想法很简单——打造一个有吸引力的聚集地，提高人们的消费欲望。除此之外，苹果公司在过去的公共场所进行了铺天盖地的宣传——旧邮局、消防站、图书馆——以树立自己的形象，模糊商业城市和公共城市之间的界限。

将苹果商店重新命名为城镇广场的用意非常明显，不只暴露了科技巨头离市中心有多近这么简单。从城镇广场到市政府仅几步之遥，随着数字化对城市生活的影响日益增大，这个距离还在缩小。我们为何要为此忧心？如果科技巨头和市政府可以共同努力改善我们的城市，那么又有什么问题？

谷歌、脸书、亚马逊、苹果等公司对让城市变得更美好并不感兴趣；他们感兴趣的是数据、收入和股价。对他们来说，城市不是家庭、社区、工作场所和学校，只是招徕大量客户和消费者的门店。

新的数字革命旨在收集我们的数据并将其变现，左右我们的注意力，组织我们的生活，收集我们的信息，干涉我们的见闻。科技巨头是知识和信息的守门人，但它们并不中立：我们能看到什么、什么时候看到、我们能购买什么产品、体验什么服务都由它们决定。科技巨头影响了选择和市场，由于它们都处在各自领域的主导地位，我们几乎没得选——大约90%的互联网搜索渠道都是谷歌；而亚马逊约占美国零售总额的三分之一，随着2020年疫情期间实体零售向网络零售的转变，这一比例还在显著上升。这种主导地位让少数几家科技巨头获得了无与伦比的控制力和影响力，其中三家跻身全球最有价值的五大公司之列。

工作岗位或流失或被替代，民主和集体行动遭到破坏，流民和不平等问题越发严重，数字技术和科技巨头对城市的影响越来越明显。"智慧城市"的故事为科技巨头提供了一个推出商业计划的完美工具，他们承诺了一个更好、互联性更强的未来，但也加剧了对当地商店和服务业的破坏，使得住房压力增大，推行零工经济和临时工合同，分散我们对城市中重要事务的注意力。

然而，这些影响并不是谷歌、亚马逊、优步、爱彼迎等塑造城市的唯一方式。如果问问西雅图的居民，我们就会知道这个城市已经被亚马逊占领了。这家科技巨头雇用了45000名员工，占据了该市约五分之一的办公空间，比其他40家大公司的总和还要多。除了工作、地方税收和支出之外，整个城市，尤其是贫困居民，都感受到了这种科技主导带来的影响，从交通拥堵和房价租金上涨，到不断的建设和许多社区的边缘化。在过去的 10 年里，西雅图的租金上涨到全国平均水平的三倍，现在已经成为美国流民人数第三高城市。西雅图市议会议员丽莎·赫伯德（Lisa Herbold）强调了在亚马逊这样的庞然大物的阴影下打造未来城市的困难。"很多人认为所有的增长本质上都是好的，也不会问哪种增长模式对成本已经很高的城市有利。其他人也有很多担忧。"[2] 居民杰森·特纳（Jason Turner）忧心忡忡地表示："我想对贝索斯先生说：'看看你所在的社区，看看你对我们做了什么。你的所作所为根本不利于城市的长远发展。'社区真正想要的是什么？我们只是希望能够留在我们建立的社区中。"[3]

　　无论是好是坏，技术与城市的变化之间一直存在着密切的关系。19 世纪英国的工业革命建造并改造了城市，为少数人创造了财富，把多数人送进了贫民窟。在 20 世纪 50 年代，美国中产阶级爬上汽车，驱车离开城市前往郊区，把一代人丢在底特律（Detroit）等地，使其陷入贫困和犯罪的漩涡。在材料技术取得进步后，摩天大楼拔地而起，增加了建筑密度，并改变了芝加哥和纽约等城市的经济和环境足迹。

　　数字革命也在改变我们的城市，通过收集和使用个人数据，例如我们的帖子、"点赞"、交易记录、参与的活动和浏

览过的网站，以更好地定位目标群体。2017 年，一份报告流
出，透露了脸书是如何通过分析以说服广告商根据帖子和照片
实时向青少年定向推送的，这些帖子和照片可以确定他们何时
觉得自己"有压力""失败""不知所措""焦虑""紧张""愚
蠢""犯傻""没用"。这种对个人数据的获取和使用不仅有助
于个性化地投送广告和新闻提要，还决定了很多事情，如：警
方通过预警算法来理解我们的行为方式；根据信用评分来确定
借款数额及借贷利率；我们通过自适应定价为商品和服务支付
了多少费用；以及我们如何通过饮食、锻炼和一般健康数据获
取医疗保健服务。简而言之，数据和数字技术决定了我们的生
活条件。[4] 数据革命来势汹汹，正在颠覆我们的生活，这是以
前的技术从未做到的。

    但这只是"智慧城市"的早期阶段。与其继承那些很大
程度上受蒸汽革命和汽车革命影响的城市建筑形式，为什么不
创造一些属于数字时代的东西呢？谷歌正在通过其研发部门人
行道实验室（Sidewalk Labs）从虚拟世界向物理世界进军，计
划重新开发城市的大片区域。谷歌住宅区的居民在接入服务、
使用公共交通工具、支付商品甚至投票时都必须同意谷歌收集
个人数据。反过来，这些数据被谷歌用来定位目标群体，通过
新闻提要、广告和社交媒体影响他们的选择和决定。

    很少有人注意到我们周围悄然发生的变化，更不用说去
挑战这一成规。这在很大程度上是因为硅谷提供的东西似乎没

有成本。科技巨头故意隐藏在看似理想主义的动机之后，为用户提供免费的服务，但实际上采取的商业模式却不近人情，旨在垄断更广阔的市场。他们做出的这种姿态相当于富兰克林·弗尔（Franklin Foer）[5] 所说的"虚假民粹主义"（sham populism），或者说，像谷歌和脸书这样的公司给人们留下的印象就是他们正在向所有人免费提供信息和知识，同时他们占领并主导了从零售到新闻媒体的各种传统市场和经济模式。他们的成功来自我们每个人的默许，人民的代表也是同谋。如果说市民很难弄清发生了什么，那么那些对我们的城市、地方和中央政府负责的人，他们知情吗？事实上，他们也是问题的一部分。围绕着科技巨头和城市，存在五个不同的问题。第一个问题是所谓的"狗咬狗资本主义"（dog eat dog capitalism）：世界各地的城市都在竞相吸引投资和就业，而现在城市的主要游戏是数字化。然而，数字投资和就业确实是无拘无束的，并且在"云"中——它们可以在任何低税收和高补贴的地方进行。第二个问题是，科技巨头已成为话语权极大的政府游说者，他们增加支出，扩大影响力，以换取政府对于本行业发展的支持。第三个问题是，像谷歌这样的公司花费大量资金赞助全球范围内大学和研究中心的"独立"研究，这些研究恰好映射出数字公司希望挑战的主题，从而为数字公司提供了现成的反例。第四个问题，我称之为"智慧城市悖论"：尽管充分意识到数字经济的破坏性和危险性，城市仍然相信"智慧城市"的说法。第五个问题是，即使政府和欧盟等组织试图规范和控制数字经济的影响和活动，亚马逊、脸书和谷歌等公司的规模已经大到难以管控——它们可以做任何想做的事。

就业和投资竞争

虽然数字技术对城市造成的挑战看起来十分新奇，但其实是新瓶装旧酒。在颠覆性举动和民粹主义以及苹果和谷歌等公司的黑客神话背后，是传统的对销售产品和提供服务的担忧。一切都与控制和权力有关。数字技术和"智慧城市"为城市解决长期存在的问题提供了新的途径，包括监控弱势群体和穷人，保护小康家庭和富人，销售产品，提供服务，以及提高城市运行效率，降低成本。人们可以理解，投资新的、更高效的、更具成本效益的方法来解决这些问题对政治家和所有政治派别的政府具有怎样的吸引力。因此，城市一直积极参与数字技术的推出、竞标政府资金、参与智慧城市排行榜、将自己作为技术中心进行营销，并为以上工作投资建设基础设施。但诱人的不仅是解决深层次问题的新方法，经济问题也迫在眉睫。

全球化创造了一个系统，各个城市在国际竞争中争夺自由资本和经济增长的机会。2017 年，亚马逊宣布正在为其第二个总部——暂称 HQ2——寻找新地点。亚马逊声称他们将创造多达 50000 个工作岗位，并向一个幸运的当地经济体投入数十亿美元。亚马逊制定了一系列标准，邀请城市竞标以争取其投资，标准之一就是该公司所谓的"商业友好型环境"。亚马逊的公告在美国、加拿大和墨西哥引发了狂热的投标活动，共有238个地区提交申请，最终入围20个。在他们的投标书和对"商业友好型环境"的描述中，通常都涵盖了由城市及其纳税人支付的数十亿美元的税收优惠。亚特兰大（Atlanta）附近的石峰市（Stonecrest）提议赠送140公顷土地，并建造一座名为亚马逊的新城市。有人将城市的竞标热情比作商业版《饥饿游戏》（Hunger Games）中的死亡竞赛。众多学者和政界人士签署了一份16000人联名的网络请愿书，反对税收优惠和不断加筹码的"逐底竞争"，批评亚马逊利用市场力量从地方和州政府那里攫取利益。然而，许多地方都急需工作岗位，即使这家公司正在破坏其经济和税收基础，他们也不会拒绝其投资。亚马逊在挑拨各个地区之间的关系——在竞争激烈的全球世界中，这是一种自然而理性的战略。

最终，亚马逊在被许以巨款（据传在30亿美元左右）后选中了纽约，结果却发现一些当地人和政界人士对投资建造这个庞然大物并不热情。州参议员迈克尔·贾纳里斯（Michael Gianaris）反对此举，他是被亚马逊选中的长岛市的民主党代表。贾纳里斯说："一个本来就在消亡的社区却得到了挽救。纽约反对这种提高财富集中度的企业补贴类型。"[6] 尽管得到了市政府和州长的政治支持，但这个和《星球大战》中的

"死星"一样劳民伤财的项目仍遭到了相当的抵制，足以使其改变方向并撤销提案。

　　亚马逊和该市所处的长岛地区流民问题非常严重，纽约市长白思豪在吸引该公司时就知道，高薪工人的涌入会加剧这一问题。该市其他地区因此类计划而流离失所的人数在不断增加，流民问题将更严重。白思豪市长很难作出选择。城市已经为大公司的绝对权力和影响力所俘获，它们彼此竞争，接受了数字技术和"智慧城市"意味着未来的增长和就业的说法。在亚马逊决定撤出纽约后，达拉斯市（Dallas）没有浪费时间再作宣传，径直在《达拉斯新闻晨报》（The Dallas Morning News）上发布头条："亲爱的亚马逊，纽约不想要你，达拉斯要。"⁷

　　城市面临的选择并不令人羡慕。由于资源和影响变革的杠杆有限，加上贫困、流民、拥堵、基础设施破旧和选举周期短等严重而根深蒂固的问题，科技巨头和"智慧城市"的故事以及他们承诺的解决方案诱惑力之大可以理解。这并不是说城市和市长在不知不觉中与数字魔鬼达成了协议；在许多情况下，他们只是试图维持财务平衡，在需求增加和资源减少的背景下维护其为弱势群体提供的服务。他们正在平衡城市数字技术的收益与成本。科技巨头日益增长的力量和影响力并没有让这些选择变得更容易，它们不断在政府和学界内发展关系、寻找盟友，推销他们的方案，排除反对和批评。

政府和科技巨头

有人声称，我们面临的是公司国家的出现，菲利普·霍华德（Philip Howard）称之为"技术和平"（Pax Technica），[8]即一种基于数字公司与政府之间交易或理解的新政治秩序。这项交易由科技巨头主导，他们积极结盟、招募盟友，并在全球各地的政府中安插工作人员。过去几年中，科技巨头获得影响力的方法发生了重大变化。苹果、亚马逊和谷歌都在 2016 年美国总统大选期间斥巨资进行游说，数目之大前所未有，并增加了在隐私、法规、税收和移民改革等方面游说联邦政府的支出，这是获得影响力的主流方法。2019 年，《观察家报》（The Observer）透露，脸书曾直接向 28 个欧盟国家的政界人士建议，不要将数据隐私立法，并表示脸书今后的投资将取决于国家的监管态度。[9]亚马逊、脸书、易趣、爱彼迎、多宝箱（Dropbox）、领英（LinkedIn）、奈飞（Netflix）、谷歌和其他公司于 2012 年联手成立了互联网协会（Internet Association）——一个代表机构——并资助其就数字技术监管问题游说外国政府、美国国会、法院、联邦和州机构以及州和地方政府。互联网协会游说的范围非常广泛，包括网络中立性、隐私、限制优步和爱彼迎等平台经济运营的法规、数字服务对小型零售商的影响、对有害内容和错误信息的责任分配以及工作环境。2018年，他们花费了 5500 万美元进行游说，是 2016 年的两倍。响应性政治中心（Responsive Politics）执行主任希拉·克鲁姆霍尔兹（Sheila Krumholz）说："他们（科技巨头）不再是简单吹吹耳边风，而是在干政。"[10]

然而，正是通过这种更隐蔽的手段，科技巨头的势力也越发强大。在过去的十年间，高科技透明项目（Tech Transparency Project）已经确定了至少80项举措，涉及谷歌与欧盟政府，以及贝拉克·奥巴马（Barack Obama）执政期间谷歌与美国联邦政府、国家政治运动和国会之间的258次"旋转门"任命实例。其中包括个人在谷歌和政府间的角色转换，谷歌从联邦贸易委员会（Federal Trade Commission）雇用了几名人员，而联邦贸易委员会曾以隐私和反垄断为由对该公司的行为进行调查。正如高科技透明项目所说，谷歌聘用前任政府要员，"使其能够深入了解政府和政界的内部运作"。让前谷歌员工深入政府内部也为公司提供了一个强大的渠道，可以在事关其利益的各种问题上对政策制定施加影响。[11]2014年，谷歌未能就反垄断调查与欧盟委员会（European Commission）达成和解。此后，谷歌在欧洲聘用政府官员的同时，也在试图影响政策制定。一些政界人士认为，谷歌以这种方式获得影响力，是他们商业战略中拉进与政府关系的一部分。

脸书和谷歌都与政治运动密切相关。根据问责运动的一项调查，脸书和谷歌为美国总统大选等重大政治活动提供了免费的工具和服务，因此能够洞察局势、获得政治忠诚度。据参与 2016 年共和党总统竞选活动的一位谷歌员工阿里·杰·亨克（Ali Jae Henke）说："我们（与竞选活动）的联系十分密切，我们常常出现在他们的办公室，甚至每天通电话。"[12]在某些情况下，像阿里这样的谷歌员工还扮演着一些其他角色：

> 这一过程也以另一种方式发挥作用，因为前谷歌员工也揭露了该公司一些鲜为人知的策略和秘辛。谷歌员工在替谷歌进行游说时也会参与竞选。谷歌的美国政治团队负责人罗布·萨利特曼（Rob Saliterman）表示，他向政治竞选团队兜售广告，同时也帮助谷歌的游说部门干预公司相关政策的民选官员人选。[13]

谷歌并不是唯一一个担任这一角色的科技巨头。从 2012 年开始，脸书就有专门的工作人员负责总统竞选活动，担任竞选活动的营销、传播和整体战略以及广告销售方面的顾问。

科技巨头的参与真的能影响总统竞选吗？政客对此深信不疑。唐纳德·特朗普在 2016 年总统竞选获胜后说："事实上，我在脸书、推特、Ins 等网站上都拥有庞大的支持者。我认为这帮助我赢得了竞选，他们付出的钱比我付出的要多。"[14]一位特朗普的竞选团队成员说得更一针见血："没有脸书我们就不会赢。"不过，这种支持是双向的。谷歌前执行董事长埃里克·施密特（Eric Schmidt）在 2012 年总统大选中亲自助力奥巴马竞选团队，将公司的数据和分析用于竞选活动，发挥了重要作用。

这不仅是政治家的胜利。毫无疑问，如此长久的密切关系对于科技巨头也很有利。下面我将继续讨论。无论阅读任何政治宣言，你都能从中找到关于未来的畅想，同样含混不清，但又同样描绘了一片大好形势。2017 年，英国保守党竞选宣言提出了要实现"世界上最具活力的数字经济，为数字企业提供所需的投资、技能和人才"。其中包括转变公共服务，投资 7.5 亿英镑用于建设数字基础设施，优先为数字工作者提供签证，并提供新的数字技术培训和资格证书。宣言称："我们将提供创意公司所需的技能和数字基础设施，并将大力推行税收优惠政策。"[15]

这可以视为对不断增长的重要经济部门的常规支持。但是，有了数字技术，政治家就不必再焦头烂额地解决紧迫性问题了。数字技术声称能为城市面临的许多挑战和问题提供现成的解决方案，这些解决方案可以绕过政治层面，不必考虑稀缺资源的投入和选择的艰难。这对城市当局很有吸引力，因为他们倾向于让个人承担后果。

堵在路上？有应用程序可以告诉你如何避开拥堵路段。担心交通拥堵造成空气污染？有数据可以告诉你什么时候是出行的最佳时机。为了减少交通拥堵和空气污染，宁愿乘坐公共交通工具？试试优步应用程序，更便宜、更快捷。就许多政治家而言，数字解决方案能化解任何问题，只要耐心等待，就会迎来属于数字解决方案的市场。这就是为什么保守党宣言对从经济增长到残疾和健康等所有问题的数字解决方案都作出了模糊的承诺。数字经济想要的是监管自由，比如能够雇用临时工。

学术界和科技巨头

政府并不是数字经济唯一的盟友和行动者，学术界人士也参与其中。谷歌已经赞助了价值数千万美元的学术研究，这些研究支持了它在各种问题上的立场，尤其是在受到监管机构和政府审查时。经高科技透明项目确认，2005 年至 2017 年间发表的研究论文有 331 篇涉及与谷歌利益相关的问题，包括反垄断、隐私、网络中立性和版权。为了支持谷歌应对监管机构的审查，特别是当问题涉及反垄断以及限制谷歌利用其搜索引擎和手机软件推广其他产品时，这些研究会更多。

谷歌在美国大力支持现有机构的研究，而在欧洲支持的更多是新机构的创建。谷歌资助在欧洲各地的大学内建立机构，这些机构针对欧盟委员会一直在调查的问题发表了数百篇论文，涉及反垄断、隐私、版权和"被遗忘权"等领域。柏林现在是亚历山大·冯·洪堡互联网与社会研究所（Alexander von Humboldt Institute for Internet and Society）的所在地，该研究所在 2011 年受谷歌捐赠 1100 万欧元后成立。其成立之时，恰逢德国内部对谷歌的影响力日益关注，他们已经发表了 240 多篇论文和报告，部分刊登于谷歌资助的期刊。谷歌还在法国、英国和波兰建立了其他研究所，同时为其他著名大学资助了讲席教授。在一些人看来，"谷歌在欧洲打造的学术网络有助于他们神不知鬼不觉地影响当地的政策制定者，被左右的人却浑然不知"。[16]

　　这不是学术界第一次为受到审查的行业提供支持性研究。自 20 世纪 50 年代初以来，烟草业资助了支持其立场的研究和报告，特别是关于吸烟和被动吸烟的有害影响的研究和报告；随着人们日益担忧石油加剧了气候变化，石油工业也采取了这一方法。这些利益集团对研究和政策的赞助通常直接提供给政策制定者和媒体，因为通过数字技术直接传播是一条更容易的途径。这种研究的目标和方法与主流的学术研究形成鲜明对比，后者致力于通过更全面的研究和论证来推动知识进步。英国的研究人员严格遵循学术自由和霍尔丹原则（Haldane principle），该原则规定，研究内容的决定权应该掌握在学者而非政治家手中。然而，许多由行业资助的研究会讨论更有针对性的议程，重点关注资助公司所关注的问题，旨在通过信息和研究在争论中获得压倒性胜利，增加"独立"于学术机构和个人的可信度。该策略的核心是让传统媒体——印刷、广播和电视——就某一问题展开讨论，并针对这一问题提出两种以上的观点，无论证据来源如何，都同等重视。于是，获得赞助的研究提供了一个现成的替代观点，配上一个来自潜在的受害者群体的案例，就变得很难反驳。不但如此，无论争论的问题是反垄断立法、数据泄露罚款还是隐私权，案例的来源总是"可信的""独立的"。但这并不是谷歌、推特和脸书等公司在引导舆论方面扮演的唯一角色。鉴于大多数人是通过网络搜索引擎获取信息的，"信息过载"策略就颇具优势。无论其可信度和影响力如何，搜索引擎都会让我们看到一系列观点。这在一定程度上有助于解释为什么气候变化怀疑论者会对大部分科学研究提出质疑。难怪公众和一些政策制定者对气候变化感到困惑，更不用说科技巨头在塑造新闻和观点方面发挥的作用了。

像谷歌和脸书这样的公司不仅左右新闻内容，将自己的观点掺杂其中，罔顾新闻的可信度，还在以其他方式破坏传媒业。科技巨头为许多人提供了获取新闻和信息的途径，但也通过国家和地方新闻媒体的形式严重破坏了传统媒体。在21世纪的第一个10年后期，许多报业人士发现广告商可以轻松地在线宣传他们的产品和服务，而且成本通常很低，甚至不需要成本，于是广告收入开始下降。同时，新闻和广告有了更多的数字传播渠道，报业视其为通过网络降低成本、扩大读者群体的机会。然而他们没有想到，谷歌和脸书等公司会通过个人数据和个人偏好（包括互联网搜索历史、位置、购买记录、"点赞"和"差评"）来定位目标群体、推送个性化广告，给报业带来沉重一击。他们的用户数据库有数亿量级，消费者行为模式也开始形成，这使得服务提供商能够准确预测个人接下来会看什么，他们在搜索某个关键词后可能还想购买什么，以及什么样的页面布局、广告的颜色和位置更容易引起注意。

谷歌的广告收入从 2006 年的 100 亿美元上升到 2013 年的 550 亿美元。脸书的广告收入也出现了类似的增长。报业成了输家，同期收入锐减一半。传统新闻媒体遭到极大冲击。美国和英国的相关产业员工人数下降了三分之一，其中更昂贵的新闻业、海外项目和调查研究遭到的打击最为严重。报业逐渐开始将现有的故事重新包装，却没有资源进行核实。除了"抄袭新闻"频发，当地新闻媒体不断被收购、接管，日益集中化，导致记者远离了他们所服务的社区。在美国，自 2010 年以来，已有 500 多家报社关闭。而在英国，大约已有 200 家报社关闭。不仅谷歌、脸书和现在的苹果公司获得了当地新闻的广告收入，当地新闻媒体也越来越依赖这些公司，因为科技巨头可以链接当地数字报纸网站的广告，为他们提供了少量的收入来源。这就导致报业学会了回收新闻并制造噱头，极尽所能地试图吸引变化无常的读者群体，鼓励他们点开链接，获取微薄的收入。因此，谷歌和脸书不仅摧毁了当地的媒体和新闻行业，对新闻报道的干预也越来越多；或者间接地导致幸存的报纸以报道丑闻为主，当地问题反而不受重视；或者巧妙地改变算法，以在搜索结果和推送中凸显某些主题。

正如尼古拉斯·汤普森（Nicholas Thompson）和弗雷德·沃格尔斯坦（Fred Vogelstein）在《连线》（*Wired*）杂志上所说：

> 脸书雇用的记者不多，也很少花时间讨论困扰媒体行业的重大问题。什么是公平？什么是事实？如何区别新闻、分析、讽刺和观点？长期以来，脸书似乎一直认为他们与这些争议无关，因为他们只是一家科技公司，只是为"所有想法提供了一个平台"。[17]

科技巨头与政府共生

在亚马逊和谷歌等公司在城市中大展身手之时，世界各地的政府也在接受、促进数字技术的发展，为推出智慧城市制订发展方案、进行投资，但他们一直对下一步的行动摸不着头脑。2012年，英国政府举办了未来城市竞赛，支持了30个"智慧城市"提案，授予格拉斯哥（Glasgow）2400万英镑用于实施其计划。从那时起，"智能"已成为许多城市追求的理想标签。世界各地正在建设新的智慧城市作为范例，并取得了不同程度的成绩，例如韩国的松岛和沙特阿拉伯的工商业新城，以及印度承诺将建设 100 个新的智慧城市。

　　城市的数字化既被视为"好事"，也被城市和政府视为威胁。然而，有利和不利影响之间的平衡正在以三种关键方式向有利于"智慧城市"的方向转变。首先，通过赞助与科技巨头利益相关的主题研究进行游说、制造影响，有助于避免批评，为数字化推广营造有利氛围。其次，以商品、人员和服务自由流动为特征的全球化，加上数十年的新自由主义、放松管制、创业型公共政策，为数字经济的蓬勃发展创造了完美的条件。劳动力市场管制放松、福利很少或几近于无，提供了一个庞大且合规的劳动力池，工人的工作不稳定且工作时间长。城市政策也一直在鼓励城市之间的竞争，通过营造包括智能化在内的商业友好环境以吸引全球范围内的自由投资。最后，政治领导人和规划者本身对数字化提供的前景持开放态度，特别是在与其他城市竞争的需求与提供基本服务的需求相匹配，而这一需求已经超出预算的情况下。"智慧城市"对高效服务的营销正在推开一扇新的大门。随着政府放弃控制权、亚马逊、谷歌等公司的行为越来越像政府，掌管我们的服务、交通、发展基础设施，在设施、经济和社会方面改造世界，并与真正的政府结盟。他们甚至承认，"在很多方面，脸书更像是一个政府机构，而非传统意义上的公司"，马克·扎克伯格如是说。[18]

　　这些活动中没有一个是不受争议的。几乎每周都会有人呼吁"拆分"谷歌、亚马逊或脸书。西方社会对垄断的恐惧根深蒂固。几代人以来，我们一直担心经济和政治权力的集中会破坏民主和社会。但科技巨头从三个方面改变了这场争论的性质。首先，谷歌、脸书和亚马逊等少数公司通过破坏个人隐私来抢夺市场主导地位。他们跟踪我们的数据——我们订购什么、我们"喜欢"什么、我们在哪里——由此为我们建立画像，这就是他们显著的市场优势。这使得其他公司很难（即便不是完全不可能）与之竞争——他们根本无法获得相同水准的情报，劣势很明显。其次，市场已经扩大，因此现在有更多的机会进行垄断。杰米·巴特利特（Jamie Bartlett）在其书中指出，许多家喻户晓的科技公司很难通过名字确定其经营范围。[19] "标准石油公司是一家石油公司"，他说，"什么是脸书？是一种媒体渠道？还是在线广告商？抑或是一个社交媒体平台？一家人工智能公司？"以石油或钢铁的垄断标准来判断科技巨头忽略了一点——他们想要垄断一切，而不仅仅是一个领域。最后，正如巴特利特说的那样，新的科技垄断巨头往往会压低价格，提供优质的产品。有些产品似乎是免费赠送的，实际上却在鼓励用户提供数据。在现代，公司的主导地位对消费者有好处，但也有重大影响，尤其是对城市而言。

2011 年，一个名为主街公平联盟（Alliance for Main Street Fairness）的组织开始游说美国各州，要求对亚马逊拒缴网络销售税的行为采取措施。代表传统实体零售商的主街公平联盟指出，不征税（通常为售价的 5% 至 10%）将如何构成不公平竞争。各州曾试图向亚马逊征收税款，但面对亚马逊关闭运营中心和解雇员工的强势威胁，他们放弃了。所涉税收对制定了这些税的 45 个州至关重要，约占其税收收入的三分之一。得克萨斯州是向亚马逊催缴税款的州之一，2010 年秋，得克萨斯州向该公司发送了 2.69 亿美元的欠税账单。亚马逊立即采取行动，宣布将关闭得克萨斯州的仓库并裁员。经过谈判，亚马逊同意继续在得克萨斯州开展并扩大其业务，但税单将一笔勾销。这是亚马逊的常用手段了，类似的事情在加利福尼亚州和南卡罗来纳州（South Carolina）等地反复上演。美国财政部前副助理部长查尔斯·麦克卢尔（Charles McLure）评论说，"亚马逊正在成为逃税的帮凶和教唆犯"。[20] 这在实际层面上影响深远，因为州和城市需要征税来维持基本的公共服务。传统的实体零售商也受到其影响，亚马逊通过提供免征销售税的商品来压低价格，严重削弱了许多实体零售商。与此同时，亚马逊占据了市场主导地位，成为网络购物的首选网站。由于网购使众多线下门店歇业，亚马逊也开始转入线下，进入商业街，做起杂货店和时装店。为了吸引亚马逊，一些城市和他们达成了交易，向该公司支付高达 85% 的销售税作为奖励，这是其他传统零售商无法享有的。传统零售商也在数字时代转向线上，但他们还有很多工作要做：2020 年，亚马逊在销售额为 137.3 亿英镑的情况下，宣布仅支付 2.93 亿英镑的英国销售税。[21]

在科技巨头时代，尽管垄断的性质发生了变化，但人们一直试图削弱它们的影响力。不过有证据表明，谷歌和脸书相当成功地挫败了这些想将其拉下市场主导地位的行动。这些公司规模过大，自由度过高，传统的监管杠杆无法有效地管控他们。随着谷歌的业务扩展到房地产开发、亚马逊的业务扩展到几乎所有领域，城市正在遭到破坏、被迫转变，但面对这些变化他们无能为力。

挑战技术和平

科技巨头与政府相互勾结，地方新闻媒体被阉割，哪里会有反对声？对于脸书来说，2020 年并不顺利。2020 年 6 月，140 多名正在接受或接受过陈·扎克伯格倡议（CZI）或陈·扎克伯格生物中心（Chan Zuckerberg Biohub）资助的科学家给马克·扎克伯格写了一封信。[22] 信里指出脸书纵容煽动性言论和错误信息，尤其是特朗普总统的某些言论，对他们的工作构成了极大困扰。信中部分内容如下：

脸书等社交媒体平台已成为交流信息的主要方式。虽然它们推动了全球范围内的信息传播，但同时也促进了虚假信息流传。若未经审查其真实性便发布新闻，会导致混乱和人们对专家的不信任。[23]

根据这封信，脸书需要考虑针对错误信息和煽动性语言制定更严格的政策。这封信的起因是脸书拒绝就特朗普的一篇帖子有所作为，该帖子涉及乔治·弗洛伊德（George Floyd）于2020年5月在明尼阿波利斯（Minneapolis）被警方逮捕时死亡之后引发的全国性抗议活动。推特已经删除了题为"当抢劫开始时，枪击也就开始了"的推文，但脸书并没有跟着删除。相反，扎克伯格并不想在"无所作为"或"接受"之间徘徊。

虽然科学家的抵制没有效果，但脸书面临着更严重的威胁——来自广告商的抵制，涉及联合利华（Unilever）、可口可乐和星巴克在内的1000多家公司。脸书对特朗普发帖的不管不问导致了"停止仇恨营利"（Stop Hate for Profit）抵制运动的爆发。

脸书辩称，他们在被报道前就删除了89%的仇恨言论。然而，抵制者认为这个数字没有任何意义：

> 这就好比星巴克称其89%的咖啡都是安全产品，福特汽车公司称其89%的车辆配有能用的安全带——大多数公司召回产品都是因为没有达到99.9%。[24]

脸书拒不行动，只是感谢这些团队和网民一直以来的关注，并补充说脸书致力于消除仇恨言论。

不过广告商和获得资助的科学家并不是唯一反对科技巨头的群体：各国政府开始意识到数字技术也有明显的缺点。英国下议院对 2019 年报出的虚假信息、假新闻和网络隐私泄露进行了调查。[25] 在广泛深入的分析中，调查报告提出了一系列建议措施，包括制定新的网络平台道德准则，网络平台要对有害和非法内容负责，支付"技术税"。

然而，正如英国议会经过调查所得出的结论：

> 在无数无害的庆祝活动和节日照片中，一些恶势力利用脸书威胁和骚扰他人，报复性地发布色情内容，传播各种仇恨言论，干扰选举和民主进程——凡此种种，脸书等社交媒体要么无法阻止，要么不愿阻止。我们需要践行众人拥护的民主原则，以维护数字时代的民主。[26]

马克·扎克伯格多次无视人们关于提供证据的请求，这些处于风口浪尖的公司的态度由此可见一斑。草草应付英国政府并不是科技巨头回应人们日益高涨的关注的唯一方法。欧盟对科技巨头征收了一些最高额度的罚款，要求脸书为误导监管机构购入瓦次普（WhatsApp）支付 1.1 亿欧元，谷歌需因无视竞争法支付 24 亿欧元，亚马逊需因接受税收优惠支付 2.5 亿欧元，并要求爱尔兰从苹果公司追回 130 亿欧元欠税

（尽管 2020 年中期的司法裁判推翻了这一决定）。然而在 2019 年至 2020 年期间，这笔钱对于苹果（净资产 2 万亿美元，年营业额 2800 亿美元）、谷歌（净资产 9000 亿美元，年营业额 1000 亿美元）、脸书（净资产 5270 亿美元，年营业额 700 亿美元）和亚马逊（净资产 1 万亿美元，年营业额 2800 亿美元）来说，只不过是小打小闹。

问题的很大一部分在于硅谷超越了地理和民族国家的界限——它是真正的全球性企业。亚马逊已经成为自己的监管者，自行决定价格、配送和工资，基本上没有考虑国家的规章制度，更不用说城市的了。他们只关注自己的客户。亚马逊还在向城市提供优惠，参与城市建设，这是因为他们仍在向垄断销售商品和服务市场的方向努力。一旦亚马逊拥有垄断地位、可以主导市场时，政府就会变得无关紧要——我们还能去哪里呢？随着亚马逊和其他公司进军健康、教育、交通和食品杂货领域，这种垄断就不仅仅是在网上购买廉价商品、隔天送达这么简单了。

数字接管

数字正在接管城市，尽管它们会对城市产生不利影响，但我们还是选择开门迎客。有一种说法是，随着智能手机普及、网络深入生活，数字技术接管城市的这一天无论如何都会到来。也有人称，媒体中一直存在政治宣传和政治偏见，在这方面，数字化到来之前的情况与目前几乎没有什么不同。还有人认为，拒绝纳税或为了自身利益四处游说的公司很多，并非只有科技巨头。那么，到底哪里不一样了？

数字经济下，正在发生变化的是关于规模、范围和模糊性的问题。脸书、推特、谷歌等影响政治的力量不仅通过游说和研究——尽管这些很重要——还在于他们可以通过操纵新闻推送为自己牟利。毕竟，超过一半的人都通过社交媒体阅读新闻。[27] 就影响范围而言，科技巨头是真正的全球性企业：其运营范围之广超越了国家政府，其规模之大，几乎无可撼动。最后，数字运营商擅长模糊自己的身份（脸书是社交媒体公司、广告平台、货币运营商还是个人数据供应商？）。此外，如果用户在英国，服务器在芬兰，提供服务的公司在爱尔兰注册，那么卖点或创收点在哪里？

这些公司无处不在，缺乏对监管的关注，他们在这两个方面跟政府越来越像：

> 在一个民主国家中，我们需要聆听多种声音，而且至关重要的是，我们要具备技能、经验和知识来衡量这些声音的真实性。虽然互联网实现了全世界的众多自由权利，带来了前所未有的交流平台，但它也可能会扭曲事实、误导群众、制造仇恨、引起混乱。[28]

批判运动越来越多，但即使影响到了脸书等公司的市值，这些运动却很难真正对其造成破坏。在抵制仇恨言论的运动结束之前，脸书的股价已经回升。这些公司不仅"大而不在乎"，而且"大而不倒"。

我们需要牢记鼓励科技巨头接管服务并提供解决方案给城市和城市规划带来的影响。一个明显的后果是多元化和公众参与的缺失。哈佛大学的苏珊·贝内施（Susan Benesch）认为："脸书对人类表达的管控比任何政府在过去和现在实行过的管控措施更多。他们可以定义仇恨言论以及其他不可接受的言论，这是一种半独立的权力……我们作为公众根本没有机会参与这种决策，脸书作出的这些决策跟政府作出的决策并无二致。"[29]

仇恨言论是一个明确的方面。其他因素涉及对气候变化、社会福利、科学进步甚至民主本身作用的看法。脸书等公司现在正在充当全球审查者，而这样的审查者比比皆是。城市规划这一概念起源于启蒙运动——一场以理性和进步为基础的、影响广泛的思想解放运动，主张用开放、理性和民主的过程取代迷信和神话。这一基础及对这种普遍价值观的坚持正在受到威胁。硅谷有自己的内部价值观，这种价值观正在排斥和取代启蒙运动的价值观。

国家和地方政府之所以纵容科技巨头，部分原因是他们的利益高度一致。正如露西·格林（Lucie Greene）指出的，硅谷的基本理念结合了社会自由主义——他们在性少数群体权利和可持续性等问题上表现强势——以及以消费者为主导的市场解决方案。他们以不同的方式在政治左翼和右翼间游说。[30] 这种诉求与对城市当前运行和规划方式的隐性批评相结合。硅谷致力于改善生活，让事情变得更好；政府和市政府行动迟缓，反应迟钝。政府制造问题，科技巨头提供解决方案。其整体性影响开始显现：我们应该去哪儿寻找解决问题的方法？国家对此是无能为力的。埃隆·马斯克（Elon Musk）正在应对气候变化，亚马逊和谷歌将实现更加实惠有效的医疗服务，优步和来福车可以提供出行服务，而由谷歌前高管设立的优达学城（Udacity）正在进军大学和教育领域。在科技巨头开始承担政府职能的同时，他们也通过切断资金流继续颠覆现有的模式——自动驾驶汽车不会停在公共停车场，也不会因非法路边停车而被罚款，因为它们将不断往返，在主人家里等待传唤。地方和中央政府需要开发新的增收形式，以填补这一缺口。

还需要规划什么，或者更准确地说，还有哪些杠杆可以实现变革？如果政府和公共利益或社区利益的概念空心化，取而代之的是企业和个人利益，那么规划会变成什么？如果交通、教育、健康和其他公共服务像优步、亚马逊或爱彼迎一样形成行业垄断，那么它们如何服务广大人民群众？各式各样的国家或政府将被新的垄断实体所取代，只有这个实体会为不同的目的而努力。

第5章

为什么我们既是病因又是解药

　　纵观历史，城市一直受到挑战、破坏和变化的影响。不过城市是有弹性的，或者用城市地理学家的话说，它们是"复杂的自适应系统"，能够自我恢复和进化。这种自我恢复和进化的例子比比皆是。

　　与美国的许多城市一样，纽约于 1929 年受到华尔街崩盘的冲击，又在第二次世界大战后蓬勃发展；20 世纪 70 年代，因油价暴跌以及其他经济问题，纽约濒临破产；最终，在 20 世纪 80 年代，纽约经济反弹，成为世界领先的金融中心。然而，城市的适应能力是有限度的，超过临界点，城市弹性就会丧失，我将在第 9 章继续讨论这个问题。许多地方已经被遗弃了，或是只留下个空壳，成为那些由于个人情况别无选择、不得不留下来的人的家园。问题在于，城市的自我恢复力并非一成不变，过去具有进化能力不代表未来也能适应变化。

　　除了经济发展的周期性变化或环境破坏外，城市面临的最新挑战在某些方面也并不陌生。从 1900 年旧金山暴发的鼠疫，到 2003 年香港的非典疫情，城市成功应对了公共卫生危机，也因此经常重新规划和重建。如 19 世纪的巴黎，通过新的供水和污水系统提高了城市的环境卫生质量，并提供开放空间，也就是当时所谓的"城市之肺"。2020 年的新冠肺炎疫情与此前的疫情规模不同，不需要重新规划和重建城市，而是以其他方式让城市发生了改变，加强并促进了网络世界的发展，帮助人们在居家工作和在家教育孩子时获得必不可少的商品和服务。可以说，疫情传播与数字技术的发展已然重叠，二者之间产生了密切联系，甚至密不可分。无论城市如何应对新冠肺炎疫情，都难以摆脱数字技术的影响。无论城市以何种方式摆脱新冠肺炎疫情，数字技术都在一定程度上充当着病因和解药两种角色。

讽刺的是，在当前的全球疫情期间，数字和网络技术一直被描绘成人类的救星，然而直到最近，它们还在破坏以及威胁城市的未来。数字技术在城市的推广和影响并不是强加给我们的。相反，它们需要正面的支持和参与。没人规定我们只能在亚马逊购物，强迫我们网购，禁止线下购物；没人强迫我们在爱彼迎上租公寓；也没人规定只能使用优步或户户送。我们可以选择购买当地报纸，投票选出关注社区和城市问题的代表，无论这些问题多么复杂和混乱。没人逼我们平均每天看150次智能手机。

在食品行业有一个叫作"满足点"（bliss point）的概念，即找到加工食品中盐、糖和脂肪的最佳比例，使产品健康美味，让人欲罢不能。经过几千年的进化，人类已经迷恋上了这些成分。在食用它们的时候，我们的大脑会释放内啡肽，忍不住想吃更多。食品公司花费数十亿美元进行研究，力求将营养比例最优化，抢占"胃份额"。然而，虽然人类偏爱这些成分，但人类的生活方式导致身体无法处理大量的脂肪、盐和糖，于是全社会都需要应对肥胖问题。面对垃圾食品令人上瘾的控诉，多家食品公司予以回应，表示他们也生产健康产品，消费者可以选择吃得健康，健康与否主要取决于人们的自制力。然而，这些食品公司是在避重就轻。有人操纵了人类的深层需求和奖励机制，使得人类如提线木偶一般。食品科学与个人之间的斗争从来无关公平。

科技巨头推行的"注意力经济"[1]就相当于食品业的"胃份额"，一些人也称之为"监控资本主义"[2]。油管、脸书、谷歌等公司提供看似免费的服务，实则是为了换取我们的数据，并使用这些数据来锁定目标群体，投放广告；或将我们的数据出售给其他公司，便于进行个性化推送。抓住用户注意力也是众多平台经济供应商的目标，他们试图通过次日送达、购物推荐或观看内容推荐，以及找到出租车或公共交通及时、廉价的替代品，降低生活成本，让我们的生活更轻松。同样，我们的数据——购买什么、何时何地，我们观看、浏览和阅读的内容——也会帮助他们及其子公司定位目标群体。为了吸引我们的注意力，维持热度，科技巨头使用了各种食品行业的把戏。

人们已经充分讨论过注意力经济对个人的影响。许多人认为，最终结果就是我们的注意力被套牢在虚拟世界，忘记了现实世界。我们只关注内心，专注于此时此刻。我们发现表达情感很难，跳出虚拟世界思考很难，甚至连考虑未来都很难——因为我们想要的一切只需轻轻一点鼠标即可获得。这一切都会对社会产生影响，对城市的影响也十分紧迫、严重。城市需要我们的关注，可我们却将它们抛诸脑后。注意力经济对城市最紧迫、最严重的威胁也许是集体观念，这也是城市生活的基础。

根据詹姆斯·威廉姆斯（James Williams）的说法，[3]数字技术和社交媒体正在分散我们的注意力，让我们更难记住自己属于哪个现实中的社群，忘记自己与住在同一空间的其他人的共同点。如果我们丧失了对一个现实地点的社区意识和公民意识，那么城市就会变成一盘散沙，在最需要城市居民发挥作用的时候停止运作，无法应对需要人们齐心协力才能解决的共同问题。民主需要一个共同的目标，而社会对民主的追求和实现民主的能力正在消失。更重要的是，即使想参与城市政治，我们也必须面对过量的信息、假新闻和虚假事实。这再次正中"智慧城市"乐观主义者和倡导者下怀。结论是，我们无须为政治和决策而烦恼。没有必要学政治学，因为有人正在为我们作决策。但是这类决策是特定的，仅限于那些可以被简化为数字和数据的决策。要决策的是将警力资源集中在哪里，而无须在意警务的目的是什么；要决策的是怎样管理交通流，而不是为了改善空气质量，考虑是否应该控制城市的汽车数量。为了让城市更有效率，我们跳过了困难、混乱的问题和决策。我们很可能会对更多的事情失去控制。亚沙·列文（Yasha Levine）指出，科技巨头已经将电脑和智能手机变成了工业规模的企业数据收集工具："我们去哪里，做什么，说什么，和谁说，看到谁——一切都被记录下来，并且在某些时候被人利用，谋取利益。"[4] 这不是妄想症。谷歌前首席执行官埃里克·施密特（Eric Schmidt）在 2010 年表示：

> 事情发展到最后……根本不需要你打字。因为我们知道你在哪里。我们知道你去过哪里。我们或多或少能猜出你在想什么。[5]

本章将介绍我们的注意力是如何分散的，以便更好地了解我们在个人和社会层面所面临的问题。重要的是，要以正确的方式把握我们面对的挑战，了解各种注意力分散的方式，明确这对城市及其未来的影响。因为有一点很清楚，网络世界可能会加速新冠肺炎疫情这类事件的发酵，但集体的社会态度至关重要，因为要应对挑战、适应变化，就需要我们发挥群体的力量，而不是孤军奋战。

心理战：让我们迷上"智慧化"的后果

食品行业并不是唯一一个拿我们的沉迷性做文章的行业。

1996年，哥伦比亚广播公司（CBS）播出了对英美烟草集团旗下布朗·威廉姆森烟草公司（Brown & Williamson）的前研究员杰弗里·维甘德（Jeffrey Wigand）的采访。维甘德声称该公司故意在其烟草混合物中加入氨等化学物质，以增加尼古丁在香烟烟雾中的作用，这与该公司的公开声明全然不同。换句话说，大烟草公司一直试图通过提高烟草成瘾性来让人们产生依赖，哪怕他们知道这种做法存在严重的健康风险。

对于数字技术，越来越多人像维甘德一样站出来，揭示科技巨头如何玩起了与烟草和食品行业相同的把戏。谷歌前产品策划师特里斯坦·哈里斯（Tristan Harris），谷歌前员工詹姆斯·威廉姆斯（James Williams）和马克·扎克伯格的前顾问、脸书早期投资人罗杰·麦克纳米（Roger McNamee）等人都曾揭发自己所在的行业是如何使用各种工具和数据来获取信息并持续吸引消费者关注的。

在日常生活中，我们不会过多考虑社交媒体和其他数字平台是如何操纵我们的——它们只是"在那里"，是我们获取信息的工具，或是我们与朋友联系的纽带——脸书、谷歌、Ins、色拉布（Snapchat）、推特、领英等网络服务是如此有吸引力，可以使我们的生活更轻松、更快乐，让人与人之间联系更紧密。然而，我们的确如提线木偶一样。关于产品设计师如何吸引我们的关注、操纵我们，詹姆斯·威廉姆斯和特里斯坦·哈里斯都揭露了其中的内幕。这些工具，或用硅谷钟爱的命名法——哈里斯所说的"黑客行径",对于任何经常使用社交媒体[6]或油管等网站的人来说都不陌生。包括：

• **控制选择、影响输出**：根据哈里斯的说法,产品设计师善于通过向我们提供选项和菜单,营造一种我们可以自行选择的错觉,但其实他们早已将我们带入了符合平台或产品利益的预定路径。我们收到的推荐阅读、读到的搜索结果、面对的选项,这些都是经过精心安排的。

• **通过间歇性变量奖励,满足我们对社会认可的心理需求**：产品设计师的一个重要工作就是吸引用户浏览网站或使用应用程序,然后留下客户。哈里斯强调,要实现这一目标,可以利用人们想要获得奖励的心理,让人沉迷其中：一个新的通知、一个"点赞"、被"收藏"、被转发等,还有"向左滑动"发现更多精彩内容。有时我们可以赢得"奖励",有时不会。不同的奖励加上他人的"点赞",这个组合足以让人沉迷。

• **害怕"错过一些信息"**：哈里斯指出,应用程序和网站会利用我们保持"消息灵通"的愿望,鼓励用户接受持续更新和推送,以免"错过重要内容"。这有助于让人们养成保持联系、随时在线的习惯。同时,此类提醒和干扰——新消息或新帖的提示——旨在吸引我们的关注。他们的吸引手段不仅仅是应接不暇的推送。科技巨头费尽心机,花了大量时间用消息提醒分散我们的注意力——谷歌邮箱的通知是红色,位于屏幕的右上角。颜色和位置都经过了设计和测试,以期最大限度地引起人们的注意。[7]

•"无底碗"和"自动播放"：哈里斯指出，要想保持人们的注意力，其中一种方法就是"无底碗"实验所证实的——不停地给人们添饭，即使他们不饿，他们也会吃下去。油管和奈飞上的新闻推送、推荐链接、"标题党"和自动播放让用户欲罢不能。算法会根据用户以前的活动给出推荐观看的内容，进一步助推并强化他们的态度和世界观。

关键在于，我们可以选择在亚马逊购物、在油管看视频、在推特或在任意数量的社交媒体平台上发帖，我们以为这些都是免费服务，其实并非如此。深究下去，我们很可能会发现自己成了产品，谷歌和其他公司提供的大量"免费"应用程序和信息，无论是地图还是文字处理，都意在收集我们的数据，并将这些数据变现。詹姆斯·威廉姆斯把这些黑客行为称为旨在批量说服用户的大项目。[8]数字供应商试图利用我们的漏洞，说服我们在其平台和网站上花费时间，这样我们就很难放下智能手机，其原理和我们很难戒烟、很难戒掉快餐或加工食品一样。而且他们会让人越来越分心，因为他们必须如此。

在注意力经济中，一种产品要想不被淘汰，只能变得更有说服力。如果脸书想与油管争夺市场，生存下来，就必须变得更有说服力，反之亦然。我们不只是在谈论"廉价"娱乐。这些产品只会更好地为我们提供选择，让我们身体的每一个细胞都说："没错，我要那个！"[9]

对此，人们可以付之一笑——那么如果我们习惯了脸书或者油管对我们的操纵，又该怎么办？它给我们带来快乐，让我们的生活更轻松，为我们提供信息和服务。这很公平，但我们至少应该意识到，沉迷于社交媒体和数字技术在个人和社会层面都会产生不良后果。人文科技中心（The Centre for Humane Technology）列出了数字诱导的一些后果，并将其作为对抗数字诱导的第一步。[10] 其中包括：

• **数字沉迷和注意力分散**：第一个影响也是最明显的，即我们对智能手机、社交媒体和数字技术的沉迷程度和注意力分散程度之间的联系。一半的青少年和四分之一的成年人会对手机上瘾。鉴于收益如此之高，科技巨头会尽其所能培养用户黏度也就不足为奇了。

• **精神健康**：一方面，数字技术大大扩宽了社交网络，增强了人与人之间的关系。另一方面，越来越多的证据表明，过多使用社交媒体会使人们感到孤立、沮丧和孤独。其中一个原因可能是，我们看到了别人生活的光鲜亮丽，却对我们共同面临的挑战和复杂情况视而不见。我们自己的生活复杂凌乱，永远都无法达到那样理想的、看似完美的状态。这种缺憾也同样适用于我们的外表。医生使用"色拉布畸形"（Snapchat dysmorphia）一词来描述患者想通过整形手术使自己的外表更接近他们修改过或加了滤镜的网络照片和自拍的情况。[11]JAMA（美国医学协会杂志）的研究人员称："给照片加滤镜蔚然成风，可能会伤害人们的自尊，当一个人在现实世界中不被以某种方式看待时就会感到不自信，甚至可能诱发身体变形障碍。"[12]

• **混淆事实和真相**：网络聊天和信息的巨大进步也相应地导致了假新闻、错误信息和彻头彻尾的谎言，这一点绝非只有人文科技中心发觉。一项针对油管上发布的气候变化视频展开的研究发现，在抽取的 200 个视频样本中，只有 89 个视频支持人为原因会导致气候变化的科学共识，大多数视频（107个）则持反对科学共识的世界观：其中 16 个否认人为原因会导致气候变化，91 个在传播幼稚的关于气候工程和气候变化的阴谋论。[13]针对推特上真假故事的传播，研究发现，虚假信息永远比真实消息的传播范围更广、速度更快、影响程度更深；而虚假政治新闻的影响比恐怖主义、自然灾害、科学、城市神话或金融信息的虚假新闻更为明显。虚假新闻之所以传播速度更快，主要是因为它们比真实的新闻更新奇，这表明人们分享新奇信息的可能性更高。虽然人们对虚假新闻的回复往往带着恐惧、厌恶、惊讶等情绪，而真实的新闻会让人们充满期待、悲伤、喜悦和信任。[14]人们发表观点、获取信息的网站几乎不对内容承担任何责任，因为审核内容昂贵又耗时。

• **政治两极分化**：促进整个政治领域内的辩论、确保人们可以平等获取信息、让争论和反驳都有据可循——数字时代没有兑现他们的承诺。相反，社交媒体以及信息和观点过剩导致了另一种不太理想的结果。有证据支持的控诉称，我们被那些和我们持有相同世界观和观点的群体所吸引，他们让我们对自己的观点更加坚定，选择新闻推送的算法强化甚至放大了我们在网上的选择，极大地限制了我们接触与既定信念不符的观点和信息。这使得政治和寻求共同点变得困难，尽管并非不可能。《共和国——社交媒体时代的民主分裂》(Republic Divided Democracy in the Age of Social Media) 的作者凯斯·桑斯坦 (Cass Sunstein) [15] 认为，回声室和同质性气泡的主要问题是"群体极化"(group polarization)。群体极化是指，如果你听到的都是和自己一样的观点，这可能让人变得更极端、更自信。如果共和党人在一起交流，他们可能会变得更加极端，民主党人也是如此。这种例子数不胜数，以后还会得到更多印证。[16]

- **政治操纵**：从 2016 年美国总统大选，到同年英国脱欧公投，已经有很多报道讲述了脸书、推特和其他社交媒体平台如何成为操纵选举和公投的工具。在 2016 年美国总统大选中，大约有 1.5 亿美国人被俄罗斯背景的宣传影响；在选举期间，热度排前 50000 的推文中有 18.5% 为网络机器人发表。事实上，一项研究发现，推特在 2016 年总统大选期间发布的错误信息、两极分化内容和阴谋论比真实的新闻更多。[17] 记者越来越依赖推特获取新闻，并进一步传播、强化虚假信息，甚至将虚假信息合法化。正如一项对新闻业和推特的研究发现：

> 推特在新闻生产中的常规化会影响新闻判断——对于从推特挖掘新闻的记者以及那些经验较少的记者来说，推特已经成为深入人心的主流媒体，其推文似乎与美联社的头条新闻具有一样的新闻价值。这可能会产生负面影响，例如跟风报道。但我们也看到了积极的影响，因为推特可能让主流媒体的报道中出现更多声音。[18]

● **表面性**：虽然数字技术整体提高了人们通信和互联互通的水平，但对个人互动层面的影响并不完全是积极的。人们逐渐通过电子设备交流、发文字消息，这一转变不可避免地减少了面对面的人际互动。实际上，与"保持距离"相比，人们发现互相交流对于理解与自己相反的观点、产生同理心要有效得多。[19]为了加强这种趋势，很多为人们提供交流平台的网站提倡一种二元的、流于表面的互动——"赞"或"踩"。这些即时、简单的反应为平台提供了很好的"点击诱饵"，并试图让我们在网上进行互动、花费更多时间，但它们不会鼓励任何极端的事情，无论是仇恨还是喜悦。没有人鼓动我们去理解不同的观点和不同观点背后复杂的原因。这种不同的、较为肤浅的交流形式导致我们的联系前所未有地密切，但实际上人与人之间的距离却更远了。

可以明确的是，社交媒体和个人数字连接有巨大的好处，在 2020 年新冠肺炎疫情大流行期间，随着个人、雇主和社会运转大量转移到线上，这些好处逐渐显露。办公室里空荡荡、住宅区人声鼎沸也有缺点。但还有其他更基本的问题需要考虑。越来越多的证据证明，数字技术和社交媒体对个人的积极影响较小，但其无限制的连通性实在过于吸引人，以至于掩盖了这一点。这种吸引力不难理解：

> 如果非要总结的话，情况是这样的：我们的手机在任何时候都能为生活清单提供一个新的选择，这个选择比现实更"甜蜜"。无论何时，如果现实变得乏味或无聊，我们手机中的内容都比现实中的更令人愉快、更有成效，甚至更有教育意义。[20]

如果手机会对个人产生好处和危害，那么这些影响会扩大吗？在某一层面上似乎会产生明显的影响：如果我们的注意力分散，专注于虚拟世界，那么我们用于现实世界的时间和注意力就会减少。对于大多数人来说，所谓的现实世界就是城市。

注意力与城市

如果我们的注意力被分散——无论是有意识地，还是由于沉迷数字世界导致的——那么我们自然可以作出这个假设：我们的注意力被转移，那些原本可以完成的事情就产生了机会成本。然而，注意力是一个棘手的问题。我们可以说注意力在某种程度上是一种"价格固定"的商品，我们付出的注意力有其相应的代价。然而，注意力并不总是即刻的或二元对立的。我们在做一件事时——比如在智能手机上查看脸书动态，还可以做另一件事，例如散步。根据威廉姆斯的说法，专注和分心的影响不是短期的，也不局限于个人，还包括更广泛的设定目标和价值观的能力，以及理性、智慧和限定目标与价值观的能力。为了捕捉这些差异和细微差别，威廉姆斯将注意力分为三类：认知（knowing）、存在（being）和行动（doing）。[21]

• **认知注意力**：对于威廉姆斯来说，这是影响注意力的最深层次，它能帮我们确立目标和价值观，形成一般原则和概念，超越日常生活和眼前的事物，让我们免于被冲动支配。认知对于民主的思考和反思至关重要，因为它是长期目标和方向的基础，包括需要在某些事情上让步以实现其他目标——权衡和妥协，这是政治的基础。对认知的干扰可以有多种形式，既可以是看手机或浏览推送这种即时活动，也可以是长期地模糊事实和真相以及数字时代带来的肤浅状态。还有一种方式是模糊工作和休闲，或者说模糊办公时间与休息时间。后者是我们恢复和休息所必需的，正是在这段停工期里，我们的思考最具创造性和建设性。威廉姆斯还指出："社会机构之所以能够在深思熟虑后进行发明创造，主要归功于思考，而休闲对促进思考有着独特的作用。"[22] 然而我们无法"关机"，面对网络世界的消息提醒，我们几乎没有（或极少有）喘息的机会，数字世界已经侵入了我们生活的方方面面。

● **存在注意力**：如果说认知注意力为我们提供了目标和价值观——一个目的地——那么存在注意力就能够让我们在生活中找到一条通往那个目的地的道路。存在注意力类似于 GPS 系统，决定了我们如何实现目标。注意力分散会对我们的身份和价值观保持一致产生持续冲击，影响我们如何就共同的身份和方向达成一致。削弱存在注意力的一种方式是通过上述的数字化"比较和对比"。在虚拟世界中，我们不断看到别人理想的、完美的生活，不再专注于自己的身份和理想；我们甚至不惜牺牲（更加有意义且不以数量取胜的）社会关系的质量或深度，把注意力全都放在网络好友的数量和联系上。威廉姆斯强调的另一个分散注意力的渠道与他所说的琐碎化或政治原子化息息相关。也就是说，鼓励"赞"或"踩"这种"你死我活"的"推特战争"来瓦解统一的原则和价值观。[23]

威廉姆斯谈到了共同身份的侵蚀，而不仅是政治上的两极分化，因为政治上的两极分化可以通过争论和辩论弥合。争论和辩论是政治的本质。相反，他认为数字技术和在线互动会导致更深层次的不和谐，这会导致失去政治意愿、参与和行动的动力。如果立场与论点大相径庭，那么为什么还要费心去调和呢？最自然的反应是退缩到一个更小的，甚至是个人主义的立场上。另一个结果是由于信息和意见过多，导致决策优柔寡断。为此，威廉姆斯引用了查尔斯·泰勒（Charles Taylor）的话："真正的危险不是专制控制，而是分裂——也就是说，人们渐渐无法达成共同的目标并执行它。"[24] 虚拟封闭社区的兴起将越来越多地在现实世界的城市中体现出来。

• **行动注意力**：数字技术给"现实世界"造成了许多干扰，也提供了许多现实世界的替代方案，其中许多比我们当时应该做的更有吸引力。它还带来了不间断的更新和通知，从电子邮件到社交媒体网站上的帖子，即使我们选择继续进行被打断之前所做的事情，注意力也会被分散。这些诱人分心的事情不仅会与我们的内在任务和优先事项争夺注意力，彼此之间也会相互竞争，持续吸引我们的关注。长期的优柔寡断和反复多变取代了实际行动和完成任务时所需的注意力，我们的注意力分散在我们打算实现或打算做的事情上——回应公众咨询或游说政治代表。

威廉姆斯的框架提供了一个非常有帮助的起点，可以将注意力分散的影响从个人层面转移到更广泛的城市层面。就城市而言，我们可以在城市也需要不同"层次"的注意力基础上，做进一步分类。例如，在空间或物理层面（该区域需要什么？想要什么？挑战是什么？），在政治层面（我们如何权衡不同的需求并迎接挑战？我们需要付出什么？），以及在长期的、更有远见的层面（什么是成功的城市？如何建立成功的城市？）。采用这个框架并将其应用于城市，并不是说个人层面的干扰在某种程度上对城市来说不重要——它们显然不可小觑。我建议将个人注意力与运作良好的成功城市所需的关注点，以及我们达到这一点所需的方式联系起来。换句话说，数字干扰是以何种方式影响城市规划的？

在城市规划中，管理和塑造变化有一个长期且通用的等级过程。这种常见的城市规划方法于18世纪和19世纪出现，并力求将目的与实现这些目的的手段分开。换言之，城市规划的目的或预期结果应尽可能通过公开、民主和合理的过程，基于证据和分析来确定。然后，可以由相关专业人士与包括公众在内的更广泛的利益相关者协商制定实现这些目标的方法。最后，通过直接干预（城市做"某事"，例如修建道路或推进某项事务）或通过对他人活动的监管（建造什么以及在哪里建造）采取行动、实施计划。因此，城市也需要不同的能力来运作和规划。这三种能力塑造了不同的城市规划方法，映射到威廉姆斯的类型学，城市的"目的"或目标（可持续城市、智慧城市、弹性城市等）对应"认知"，实现这一目标的计划和策略类似于"存在"，行动或实施与"行动"相对应（见表5-1）。

表 5-1　注意力分散类型与城市规划

	威廉姆斯的个人注意力分散类型学	城市层面对应的注意力分散类型	相关的关键问题 / 每个类别中城市的问题
认知	注意力经济会分散自己的价值观和长期目标的注意力	注意力经济导致对城市目标和原则的注意力分散，例如可持续城市、智慧城市、弹性城市、企业城市等	好城市的必要因素是什么？什么算城市？集体与个人之间的平衡是什么？事情为何如此，我们能做些什么呢？
存在	注意力经济导致注意力分散，使我们无法继续实现我们的价值观和目标	注意力经济分散了城市规划和战略的制定，这些规划和战略旨在实现城市发展目标，如交通规划、土地使用战略、流民安顿战略	如何打造好城市？社会、经济和环境的需求以及限制是什么？如何协调城市中相互竞争的需求？推进城市规划需要哪些资源和空间尺度？
行动	注意力经济让我们从日常工作中分心	注意力经济无暇顾及战略和计划的实施，例如，提供参与城市建设的替代方案	为了实现城市发展目标，我们需要采取哪些行动？如何使城市的决策过程具有包容性和开放性？如何围绕行动建立共识？需要哪些信息和数据来帮助我们作出决策？

表 5-1 试图证明，在我们探讨的情况中，个人层面的"认知""存在""行为"注意力分散如何对城市规划产生了更广泛的影响。然而，人们也可能认为这些后果会对生活的其他领域产生影响，例如政治或其他政策部门，包括气候变化或经济增长。表 5-1 中的最后一列给出了在规划和管理过程中的一些关键问题和常见问题，我在后面会继续解释。

城市规划和管理中的注意力分散

在大多数情况下，全球的城市都要经过规划与管理。虽然具体的方案和制度因法律框架（例如，联邦制或单一制、普通法系或民法法系）、官僚主义、政治传统和习俗而异，但存在一种普遍的基本方法，这种方法基于一种典型过程（见图5-1）。大致的方案源于表5-1中列出的注意力分散的三个层次，即目标、计划（策略）和行动（实施）。

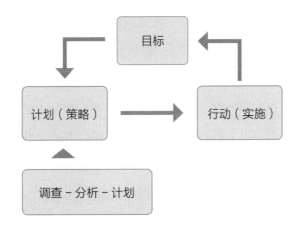

图5-1 典型的城市规划过程

上述过程为表5-1中的三个层次增加了三个维度。首先，城市规划和管理方法通常涉及广为人知的调查–分析–计划（SAP）流程。以证据为导向的政策最早可以追溯到《末日审判书》（*the Domesday Book*），苏格兰生物学家、地理学家和城市规划师帕特里克·盖迪斯（Patrick Geddes，1854—1932）

支持这种系统理性的城市规划方法。对于盖迪斯来说，对城市的任何干预都需要"先诊断后治疗"。后来占主导地位的是以设计为主导的规划观点（例如，如何通过设计建筑物及其之间的空间来改善城市），再到全面理解社会、经济和环境（例如，哪些因素导致城市某些地区集中出现了贫困和健康问题）。我们需要知道一个地方有多少居民、这个数字如何变化以及未来可能如何变化，以便满足住房、学校、医疗保健和交通等需求，这似乎是不言自明的。

然而，当时主流的对于规划的理解较为狭隘，侧重于建筑物的设计或解决具体问题，诸如贫民窟清拆和建筑标准等。盖迪斯提出的规划方法和对规划的理解十分全面，在后来成了全球城市规划的基础。收集、分析数据和信息为了解我们正在处理的内容提供了基础，并使得监控城市朝着既定目标行进成为可能。理想情况下，实现可持续城市的目标需要知道使用了多少能源，能源如何分配给社区和用作其他用途，以及未来的需求，例如表5-1最后一栏中提出的问题。然而，这项计划的技术背景工作并不能回答所有问题。可持续生活可以通过多种方式实现，涉及权衡和选择，例如在具有节能公共交通的分散定居模式或紧凑的基于高密度城市形态的方案之间进行选择。

显然，这个过程不是瞬时的，也不是完全线性的。一个典型的城市规划需要2年到4年的准备时间，以便让个人和社区充分参与。例如，如果公众参与后出现了新的问题和数据需求，就需要对规划方案进行反思、重新审视。这里的重点是，鉴于这一过程的时间跨度和复杂性，其间会出现很多注意力分散的情况。

注意力分散和城市规划

考虑到这种具有广泛性的探索方法，城市规划如何受到数字干扰的影响？首先要指出的是，数字技术既对城市规划的过程加以补充，同时又在削弱它。在线访问信息给参与城市规划过程带来了巨大的机遇，而可视化技术和场景建模则拓宽了机会和选择。然而，还有其他影响和后果会分散对该过程的注意力。两大趋势开始显现。首先是标准化数据和 SAP 流程的运用越来越多，使城市规划更适应远程的、自动化数据收集和监控，能够更多地使用人工智能和机器学习技术。如英国国家审计署（NAO）鼓励对气候变化和生物多样性数据进行标准化收集和分析，以实现联合国可持续发展目标（SDG）。[25] 与此同时，英国政府宣布成立的艾伦·图灵研究所（Alan Turing Institute）正在研究自动化人口预测和人类对不同城市的行为反应，[26] 以及进一步的人工智能相关研究正在探索人们心中美丽的或者具有美学价值的设计。[27,28] 总的发展方向是减少自由裁量权，提高决策过程中纳入计算和自动化领域的能力。这样做的好处是提升速度、降低成本、增强一致性。但同时也存在缺点。谁来决定在决策过程中包含哪些因素及其所占比重？以这种方式作出的决策如何解释？谁来负责？如果一个决定是基于统计数据和概率作出的，它又怎么会受到质疑？

在某些方面，这些转变是对规划的自我应验的预言，这一点我将在第 7 章中进一步讨论：如果"智慧城市"是最终结果，那么数字技术将成为实现这一结果的手段（存在）和实施方案（行动）。换句话说，我们正在创造这样一种局面：注意力分散不仅是数字技术外部发展的结果，而且与正在被破坏的过程息息相关。和食物、烟草一样，我们通过减少城市规划的选择，助长了人们对数字世界的沉迷，尤其是在威廉姆斯所说的"存在"和"行为"注意力方面。

除了这些直接的影响因素外，城市规划过程中还有更多的干扰因素。制订计划（包括公众参与实施）不再与数字技术给城市带来的变化和破坏步调一致。正如第 3 章所述，从就业和经济活动的变化到住房负担能力，我们的城市受到多重涉及根本的影响。随着支持城市规划和管理的传统杠杆本身被破坏，政策干预的范围也在缩小。

表 5–2 简要列出了在城市中用以帮助制定决策和行动的各种传统杠杆。虽然具体的工具因城市而异，但它们大致都属于这四个类别。

表 5-2 数字时代变革的杠杆

传统城市规划变革的杠杆	对数字时代杠杆的影响
信息：通过收集数据和发布信息来支持决策和行动，例如，对企业的支持情况、空气污染程度、交通拥堵等	信息爆炸、假新闻等降低了信息的有效性
政策和计划：通过协调公共和私人投资来制定决策、采取行动，以及围绕商定的领域 / 问题引导变革	与变化的规模和速度相比，适应和达成一致的过程缓慢
监管：通过法律以及获得许可和权限的要求来指导并控制决策和行动	监管什么？平台经济在城市中几乎没有实体存在。众所周知，控制爱彼迎、优步等企业并减轻它们的影响十分困难
干预：城市当局可以直接干预，例如开发投资住房，改善、转移税收以改变行为，支持公共交通，为企业提供办公场所	城市经济和社会基础的剧烈变化，引发了关于干预什么的存在性问题——城市如何扭转实体购物的衰落，他们应该为此烦恼吗？他们如何对网络活动征税

除了补充城市规划的杠杆、提供独一无二的信息来源、开辟新的参与途径外，城市可以使用的工具也越来越多地受到数字技术的影响，它们协助城市管理的效果正在减弱。一旦某些工具不再有效，我们就倾向于寻找替代方案以达到预期效果。这项搜索得益于"智慧城市"作出的承诺：人工智能和机器学习能包揽所有混乱、耗时又耗钱的事情。这对我们来说尤其是一种诱惑。

因此，数字技术对城市规划的影响有两大结果。首先，我们不仅被数字技术分散了注意力，也对城市规划失去信心，因为它的效果不如从前了。如果规划产生影响的可能性变小，我们就不太可能想要参与其中。关于这一点证据确凿，如果你想知道规划是如何失控的，去商业街看看就知道了。城市规划旨在控制商业街上的商店、快餐外卖店、住宅等，以促进平衡、控制负面影响，如交通拥堵或噪声污染。这些功能的变化并非由规划驱动，而是由数字技术造成的破坏驱动，随着我们的生活转移到线上，外卖直接通过"户户送"送达，房屋通过爱彼迎出租。城市和城市规划几乎没有办法影响变革，那么为什么要参与其中呢？其次，许多人认为这种注意力分散和不感兴趣的根本原因不在于问题，而在于解决方案，从而形成了注意力分散和衰退的恶性循环。一些城市已经达到了临界点，在规划者、城市管理者和政治家的热情支持下，智慧化正在规划城市。我会在第 7 章中继续讨论这一问题。

为什么注意力分散对城市不利，而规划对城市有利

分散城市规划和管理的注意力是一件"坏事"，然而并不是所有人都这么想。对一些人来说，国家主导的规划和管理在理论和实践上都存在缺陷。城市是通过无数个人决策产生的，对城市进行规划和管理的尝试不仅在理论上是错误的，而且不切实际，不可能实现——规划者和其他人怎么可能捕捉、分析并预测城市所有事务的决策和偏好呢？这种观点更偏向自由主义，如果有可能的话，它会为城市管理和规划分配一个更窄的

职能，即为市场提供信息，以使之更有效地运作。然而这只是少数人的观点，即使在一个市场占主导地位的社会中，当谈及城市时，这种观点也并不普遍。一个简单的事实是，城市的成功对于国民经济的成功至关重要，因此不能把城市规划交给市场。成功的城市都是经过规划的城市。

撇开围绕着"最宜居城市"或"最可持续城市"列表和排名的炒作不谈，那些始终高居此类指数榜首的城市与对城市规划的承诺之间存在着广泛而强烈的相关性。维也纳、墨尔本、悉尼、大阪、卡尔加里（Calgary）、温哥华、多伦多和哥本哈根等城市一直在此类排名之列。这些排名使用了一系列指标，包括安全、建筑、公共交通、城市设计以及被广泛地称为积极主动的政策偏好——换句话说，也就是城市规划和管理。但城市的规划和管理不是所有。这些城市也以开放和包容的方式解决这些问题，使用数字技术工具打造宜居城市。它们还有另一个特点：不会无视艰难的选择，也不会把问题丢给数字解决方案，而是直面困难。

关于城市试图"消除"差异，而不是寻求解决必要"摩擦"的方法，这样的例子很多。在斯图加特（Stuttgart），由于没有经过充分讨论和公开授权，重新开发中央火车站的决定引起了骚乱。在奥尔堡（Aalborg），市中心的一次重大重建导致了市议会的信任破裂，并被拿来与马基雅维利（Machiavelli）引以为豪的做法相提并论。[29] 这些事情并非发生在数字时代，但是当我们试图"扁平化"城市，去掉城市的锋利边缘，把公民当成孩子时，这就是一种警告：你可以拥有一切，却被剥夺了选择的权利。注意力分散助长了这种情况，同时将作出艰难而必要的选择（汽车与自行车、住房与工作、学校与减税）的责任转移给"智慧城市"。在"智慧城市"里，这些选择会神奇地消失。这是一种权宜之计，而非长久之策。

成功的城市需要的是参与，而不是交易选择，因为城市规划需要时间。二选一的简单决策会错过对规划需要关注的各种问题（尤其是气候紧急情况和碳减排）所必需的深入了解。这些都是需要权衡和妥协的政治和技术挑战。

关注城市

如果我们希望城市蓬勃发展并取得成功，就应该给予它们关注。目前，我们的关注点在其他地方，城市正被众多的数字挑战和我们的漠不关心破坏。我们的冷漠和忽视是城市面临的最大挑战。传统上，人们可以将此问题视为供需矛盾：是因为我们没有在市场上参与竞争而缺乏关注，使其具有吸引力并说服人们参与？或者这是需求方面的问题，人们只是优先考虑以其他方式来度过他们的时间，而不管城市的未来有多重要？但这是忽略了市场不变性的方式。当社会面临成瘾性问题，并对个人和更广泛的社会群体造成明显影响时，社会通常会选择介入并寻求公平竞争，例如在香烟包装上贴上健康警示以及对垃圾食品征加高额税收或征收"糖税"。就数字化而言，我们实际上是在助推"智慧城市"，强调其积极的一面，忽略其不利的一面，使智慧化成为我们的目标（用威廉姆斯的话来说是"认知"），而不是作为建设成功城市的工具。

城市需要的是如何提供数字支持，而不是分散城市繁荣所需的注意力。我将在第 10 章继续讨论这个问题。在打造"智慧城市"之前，我们首先有必要确定"智慧城市"应该是什么，以及"智慧城市"如何解决城市的问题。

第6章

脱节的城市："智慧化"应该
与什么相关

受新冠肺炎疫情影响，2020 年是全球城市剧烈震动的一年。虽然一些评论家宣告了城市的死亡，[1] 但其他人称，目前的趋势仍然在持续向前加速发展。[2] 人们一致认为，未来城市的功能和构成将与 21 世纪早期的城市大不相同。但是具体有多么不同，这个问题的答案是开放性的。然而，人们不可能大规模地抛弃城市：城市是全球经济增长的引擎，城市的实力和影响力提升越快，所属民族国家的地位下降就越慢。

在以全球人口、资金、商品和服务流动为特征的时代，城市——而非国家——成了增长的主要焦点。因此，各个城市都急于挤进世界城市或全球城市的行列，成为城市精英俱乐部中的一员。一些世界城市，如伦敦、巴黎、香港、纽约和旧金山，近年来在经济上取得了显著成就，走在前列，吸引了投资、人才和注意力，并发挥了良好的影响力。许多城市已经落后。这些是被遗忘的城市、处于边缘的城市。在其中一些地方，失业人群、从事不稳定和低薪工作的人面临着严重而持续的剥削与贫困，例如英国的格拉斯哥、利物浦（Liverpool）和曼彻斯特（Manchester），以及美国的底特律、匹兹堡（Pittsburgh）和巴尔的摩。在英国 2019 年的多重剥夺指数 ① 中，利物浦、米德尔斯堡（Middlesbrough）、金斯顿（Kingston）和曼彻斯特在名单中名列前茅。自 2015 年以来，它们的排名基本没变。[3] 这些城市遭受着多重剥夺——低收入、低技能和教育落后、高犯罪率、低就业率——他们似乎无法突破、改善，随着排名飙升而越发落后于领先的城市。

然而，非黑即白地呈现全球城市的发展状况，评出相对和绝对衰落的城市，未免把问题过于简单化了。繁华的城市也不是处处完美。全球性繁荣的地方并不适合所有人，尤其是许多处于数字革命发展前沿的地区。这些城市中的技术和高薪工作增多，在很大程度上使一小部分能够把握这些机会的国内和国际流动工人受益。随着收入和财富不平等扩大，成功城市中的许多居民和社区仍然与互联经济脱节，这可能导致剩余化和公民参与度下降。伦敦是英国不平等状况最显著的城市，尽管这里的人均收入最高。同时，在该国收入剥夺最高的十个地区中，伦敦就占了七个。[4] 许多城市的不平等状况都在加剧，尤其是在英国和美国。欧洲十个最贫穷的地区中，有七个在英格兰，它们在这一方面与欧洲最富有的地区——伦敦市中心并

---

① Index of Multiple Deprivation，多重剥夺指数，英国广泛使用的数据集，用于对小区域的相对剥夺（基本上是贫困程度）进行分类。——译者注

列。美国的城市不平等情况正在迅速发展，2006 年至 2012 年间，近三分之二的大都市地区的不平等情况都在加剧，而工资不平等在过去 30 年中显著增加，目前正接近 20 世纪 30 年代大萧条之前的水平。用 20 世纪 80 年代新右翼钟爱的一句话来说，不是所有的船都随着水涨而高。相反，可以说涨潮举起了大船，但小船却进了水。

然而脱节不仅存在于经济方面——人们在健康、自然环境、生活机会和政治影响等方面的权益都被遗忘了。这些问题本身通常是多样的、重叠的、相互关联的。以健康为例。一位来自利物浦的医生——菲尔·坎伯利奇博士（Dr Phil Cumberlidge）说，许多病人跟他讲述自己的生活会让他感到沮丧：

> 想象一下，在终于摆脱暴虐酗酒的男朋友之后，你成了单亲母亲。你的宝宝身体不适，经常住院。你得不到家人的支持，也没有钱。公寓里住了很多吸毒者和酗酒者。[5]

正如坎伯利奇博士所指出的，医疗服务无法解决城市中一系列深层次的社会和经济、弱势和不平等问题，这就是我们的医疗服务系统面临的挑战。医生能做到的是开抗抑郁药，患者也经常要求他们这么做。其他处于类似困境的人会选择服用合法或非法的阿片类药物，例如海洛因和芬太尼，还有许多人会选择借酒浇愁。安格斯·迪顿（Angus Deaton）称之为"死于绝望"，[6] 其他人称之为"狗屎生活综合征"。二者都意识到了贫困的现状，却忽视了贫困人口与小部分富裕人口并存的现实。对许多人来说，数字技术和社交媒体是从现实世界逃到虚拟世界的途径，可以逃避糟糕的现实生活。正是通过同样的社交媒体，对这些情况的简单分析和指责性口号也在被宣扬，比如移民、"深层政府"以及"假新闻媒体"。这些都是我们城市面临的实际问题，也是数字技术曾经含糊地承诺会解决的问题。

如果我们城市中的许多人患有"狗屎生活综合征"，那么数字技术传播者和"智慧城市"需要回答的问题是，技术将如何让人们的生活变得不那么糟糕？作为"智慧城市"的兜售者，麻省理工学院可感知城市实验室（MIT Senseable City Lab）的主任卡罗·拉蒂（Carlo Ratti）无疑会用其真正的相关研究作出回答——实验室的研究人员正在分析波士顿不同地区的人类排泄物，以绘制地图，找到哪些地方阿片类药物的使用量激增，或哪里有受污染的海洛因。这项研究的设想是，通过了解此类"热点问题"将有助于制订更好的健康计划，更能引起人们的响应。研究人员认为，同样的方法也可用于监测病毒或疾病的暴发。

在城市规划中，这一工具由约翰·斯诺（John Snow）在19世纪中叶开创，虽然陈旧但颇具价值——当时他发现霍乱暴发与伦敦的供水系统有关，最终促成了重大的公共卫生干预和改进。其他推行城市智能化未来的人也承诺会针对社会挑战提供数字解决方案。IBM 正在帮助许多城市解决毒瘾、代际贫困、失业和流民等复杂问题。然而，他们的"解决方案"是将人员和地点的数据库汇集在一起，通过数据挖掘的模式，公共机构可以发现问题所在，进而通过提高与人们的沟通效率来节省资金，同时在出现个人不履行承诺的情况时予以提醒。显然，这个方案不是为了帮助人们，或是解决他们面临的挑战。它无法减少无家可归的情况，也不会减少药物依赖——自然也无法把人们从糟糕的生活中拯救出来。

目前智慧化的推行范围有限，专注于更高效地提供服务，以及在某些情况下更有效地提供服务。数字技术在应对城市和许多居民所面临的社会和环境挑战时几乎毫无作为——数字化的动力是销售产品和提供服务，创造并提高市场份额。在某种程度上，这可以（过度）理解为——售卖产品和服务是公司的责任。除了以下三点。首先，"智慧城市"和科技巨头前景广阔，他们所能做的不仅是提高服务运行效率。智慧化是所有事物的前缀，是近期复杂的、棘手的问题的解决方案，含混不清又具有吸引力。如果数字技术能让一切迎刃而解，为什么还要浪费时间去理解甚至解决那些棘手的、相互关联的、因人而异的挑战？例如药物依赖和流民问题。想要解决这些问题实在是耗时伤财。

其次，智能化和数字化正在插手政治议程，转移焦点，并为他们提出的问题提供答案。在"智慧城市"的保护伞下，交通拥堵只是交通流量优化的挑战，简单地说，就是我们应该如何更好地管理交叉路口，让城市可以容纳更多的汽车，而不必减少私家车的使用和对公共交通的投资。这些选择与政治挂钩，涉及权衡和取舍，以及一系列因牵扯部分人利益而存在争议的决定。这些事情与政治相关，但智慧化正在取代政治，通过提供渐进的、技术性的、"共赢"的解决方案来拖延这些冲突，不必立即作出艰难选择。这就引出了第三个问题。没有技术（包括数字技术）在可供所有人使用又造福所有人的同时还能保持中立。它们反映、强化、加剧了社会中现有的不平等状况。事实上，越来越多的观点认为，数字技术正在加剧发展中国家和发达国家之间，以及国家和城市内部的不平等。联合国教科文组织皇家霍洛威学院（Royal Holloway）的教授蒂姆·安温（Tim Unwin）说：

> ……（数字）技术可以减少不平等，但"数字化发展"背后隐藏着丑陋的秘密，这些技术不仅没有改善那些最贫穷、最边缘的人的生活，反而大大加剧了从全球到地方层面的不平等。[7]

倘若在全球和地方层面进行对比，对当地的影响也许最为明显。一位出生于德里、现居住在帕洛阿托（Palo Alto）的居民维韦克·瓦德瓦（Vivek Wadhwa）对硅谷的贫困率发表了看法，那里约有五分之一的居民被划分为贫困人口：

> 有人在大学路（帕洛阿托的主要街道）上乞讨，这些乞丐和印度的没什么不同。而硅谷又相当于未来城市的一个缩影，这真的很令人不安。[8]

但事情本不应该如此。一些国家，如美国和英国，经济增长水平提高了，但社会不平等状况也进一步加剧；而其他一些国家，如瑞典、芬兰和丹麦，虽然实现了高水平增长，其不平等程度却要低得多。[9]

数字技术和智能化不能对城市面临的所有挑战负责，包括社会不平等。财政政策、全球化、放松管制、教育和紧缩政策都有其影响。只不过数字化和智能化不仅带来了挑战，还承诺解决其中的一些问题——正如人们所说的，"通过代码进行治理"。如果"智慧城市"和数字技术正在干涉城市议程，把我们带上了一条不仅没有力挽狂澜，反而使事情雪上加霜的路，那么智慧化到底应该与什么相关？

互联城市的脱节

围绕着城市"智慧化"的潜在好处，一股宣传热潮正大行其道：

> ……实时应用程序正在创造财富，诸多数字技术催生的新发现并没有瓦解城市空间，网络系统正在成为与现实世界的新接口。每部智能手机都能通过网络与周围实时通信。[10]

无论城市面临什么问题或挑战，数字技术都有解决方案，可以进行优化、提高效率和连通性。对一些人来说，数字技术和数字城市的颠覆性巨大，好处多多。例如，广告商已经从广撒网——通过广泛发行的报纸和电视上的定制广告向我们推销商品——转变为基于对个人偏好和选择的详细了解有针对性地进行宣传。正如许多人所指出的，我们已经成为产品的数据点。个性化产品和服务意味着可以为我们量身定制汽车和健康保险，公司能更好地了解个人风险并进行定价，从而降低我们的保费。在其他领域，人工智能和机器学习正被广泛应用于包括保健在内的各个领域，并即将有望在医疗诊断方面超越人类。

如果自动驾驶汽车的开发和试验最终将取代人类驾驶员，

原有的运输和交通系统也会迎来变化，从而有可能减少道路上的事故、伤害和死亡。随着传统制造业的衰落，数以百万计的人正在从事蓬勃发展的网络开发和 IT 行业，其他人则在平台经济的"前端"寻找工作，负责打包和配送网购产品。这些当前和近期发生的改变不是科幻小说，而是基于科学的事实。

这与克里斯·阿纳德（Chris Arndale）记录的许多城市居民的现实生活形成了鲜明对比。在华尔街做了 20 年证券交易员后，阿纳德开始记录、拍摄那些留在美国城市的人的生活，包括无家可归者、性工作者和吸毒者。他的书《美国底层》（Dignity）[11] 让许多人看到了城市的真实面目。在访问俄亥俄州朴次茅斯（Portsmouth）时，他指出，这座城市在 20 世纪 40 年代最为繁荣，它曾是钢铁、鞋子和砖块的制造中心，然而现在这座城市正艰难度日，很多工厂和工作岗位要么消失不见，要么规模缩小到原来的一半。失去工作的人被毒品占据了生活。与阿纳德访问过的许多城镇一样，当地的麦当劳成了枢纽，是无依无靠和无家可归之人的聚集地。据阿纳德记述，他们没有家，需要干净的水、为手机充电的电源插座和一个可以蹭到免费 Wi-Fi 的地方。快餐连锁店可以满足他们这些需求，还有便宜的食物。无家可归者的日常生活如下：他们的一天从中午在麦当劳开始，在浴室清理自己，有时会注射药剂，在停车场用汽车的后视镜梳妆打扮；然后挨过下午，晚上尽可能在餐桌旁度过,那里的温度最合适。在这里,那些被遗忘的人仍然可以与各种社会群体交往,至关重要的是,他们可以在这里进入数字世界。

我们如何调和互联城市里这两种截然不同的观点和体验?套用狄更斯的话,我们有一个双城记的故事。如果我们回顾第1章讲述的其他城市故事,就会发现主流的对城市的看法一直是乐观而片面的,这种观点对某些群体和利益集团有利。"暗夜之城"抛弃了城市,鼓励有能力离开的人搬走,留下那些无法离开的人,对他们嗤之以鼻。"光明之城"聚焦赢家,提升城市形象,为努力奋斗的人提供机会和奖励,鼓励落后的人加入并提升自己。我们现在面临的是另一个城市故事,一个有利于某些群体和利益集团,忽略了其他人的故事;一个将我们的注意力集中在某些问题上,忽略了其他问题的故事;一个承诺只要我们相信智慧化的潜力,就能解决挑战的故事。

第一点,也是最明显的一点是,尽管存在模糊和夸大的成分,但数字连接并不是解决城市面临的所有挑战的灵丹妙药。数字技术和智慧城市称其能将各地的居民连接起来,缩短时空差距,创建、链接数据,提供改善生活的机会。然而,这种油嘴滑舌的承诺掩盖了数字联系的现实,一个更具选择性、复杂微妙的现实。网络化城市带来了平等连接的概念——无论何地,每个人都可以平等地享受智能数字城市带来的好处。然而,正如在前几章所讨论的,数字互联城市避开了一些距离现实很近的领域。国际金融市场无缝运作，伦敦、纽约和东京昼夜不停地交换各大洲的信息、进行交易。纽约的金融或技术工作者与三千多英里外的伦敦的金融或技术工作者的需求和经验更相似，而和许多与自己生活在同一城市的人相似性不高。这就是新的数字"流动空间"，[12] 它们没有消除隔阂与不平等，进行社会再平衡，反而创造并强化了隔阂与不平等，进一步分裂了城市。

这种对人和城市产生的不平等影响并不新鲜，尽管数字技术在其中发挥了重要作用，但它受到包括全球化在内的一系列因素的推动。结果就是，全球城市精英俱乐部吸引了投资和技术工人，并主导了国家经济。在某种程度上来说，纽约和伦敦遥遥领先，其次是巴黎、东京、新加坡和香港等城市。[13] 这些城市主宰着全国经济和全球经济——伦敦占整个英国经济的30% 以上，尽管其人口仅占英国人口的15% 左右。这一差距还在越来越大。

根据英国国家统计局（ONS）的数据，2012 年至 2019 年间，伦敦经济增长了 19%，而同期英格兰东北部的经济增长不到 6%。全球化——思想、人员和金融流动的自由化——加剧了一小部分顶级城市与其他城市之间的差距。

在整个欧洲，由于后工业化经历的不同，研究只强调了主要城市 [14] 中所谓的"大类"。一些地区和城市遭受了相对的和绝对的经济衰败，未能找到办法取代失去的工作岗位和行业；而其他地区和城市，如巴黎、伦敦和米兰，用包括数字技术在内的与服务相关的新工作取代了减少的岗位。这些精英城市之间的关系也越来越密切，因为它们寻求投资和技术工人的对象渐渐变成了彼此，而非邻近的城市或国家，他们有着一样的经历，面对着共同的挑战。如果一家需要投资的科技创业公司坐落于"正确的位置"，例如伦敦、旧金山等，就更有可能获得投资，而那些提供投资和服务的公司也会在这些地方选址。布鲁金斯学会（Brookings Institution）强调，2005年至2017年间，美国5个顶级创新都市区——波士顿、旧金山、圣何塞、西雅图和圣地亚哥——占全国创新部门增长的90%以上。[15]正如阿纳德所述，许多城市被落在经济增长和成功之后，贫困、剥夺和弱势反而成了其特征。[16]

互联城市的内外都存在脱节。那么，我们该如何打造数字连接和"智慧城市"，助力创建更加平等的城市，造福那些不得已留在城市的人？答案是积极地将数字技术聚焦于城市需求，从以技术为导向向以人为导向的"智慧城市"转变。城市和人们的需求各不相同，但都存在两个紧迫的问题或脱节之处：收入和财富脱节，以及住房脱节。

收入和财富脱节

城市中一直存在不平等，但富人与其他人之间的差距正在扩大，这一鸿沟在过去30年中不断扩宽。[17]非营利性质的独立研究机构"城市中心"（the Centre for Cities）的分析报告指出了英国城市不平等的差距。该分析采用基尼系数（基尼系数最小为"0"，最大为"1"，越接近"0"，表明收入分配越趋向平等，"1"代表极端不平等）指出，2013 年剑桥、牛津和伦敦是英国不平等状况最严重的城市，其基尼系数分别为 0.460、0.453 和 0.444，而曼斯菲尔德（Mansfield）、伯里（Bury）和斯托克（Stoke）是最平等的城市，它们的基尼系数相同，均为 0.379。[18] 美国城市的数据更为极端，纽约、迈阿密和旧金山等城市的系数分别为 0.504、0.496 和 0.475。位于硅谷中心的科技城圣何塞的工资不平等状况在美国最严重，社会前 10% 的人的收入是后 10% 的人的七倍多。[19]

那些收入最不平等、差距最大的城市也是经济最发达的城市——尤其是旧金山、纽约、伦敦和巴黎。尽管这些城市整体上取得了领先地位，但它们成功的果实却被早已富有的人夺取。自 2008 年以来，美国 85% 以上的收入增长被 1% 收入最高的人收入囊中。[20] 与此同时，收入水平较低一端的实际工资正在下降，而住房成本却在上升。这意味着不断扩大的不平等状况是由富人收入增加和大多数人收入下降共同推动的。英国财政研究所（Institute for Fiscal Studies）的预测表明，这一差距将扩大到 2021 ∶ 22，届时英国将出现自 1961 年有此类记录以来最严重的收入不平等状况。新冠肺炎疫情的影响可能会进一步加剧国家之间、城市内部和城市之间的不平等状况。同样，高收入家庭为实际收入增长的主要获益者，而工龄福利实际价值的削减可能会减少贫困家庭的收入，这将进一步加剧不平等状况。

社会财富的总体分布也扩大了，这主要是由于高收入群体能够从房地产价格上涨中受益——居民住房拥有率与家庭收入密切相关。[21] 与英格兰其他城市和地区相比，伦敦与房地产业相关的财富也在不成比例地增加，这主要是因为近年来房地产价值飙升。

我们一直生活在一个生活机会或社会流动性恶化的时代。在发达国家中，美国和英国的社会流动性最低。[22] 在美国和英国，一个人的背景和家庭对其最终将获得多少财富的影响最大，这是其他任何地方都比不上的，而且这种情况正在恶化。[23]

由此导致的结果是，关于政策的重点应该是结果平等还是机会平等——这一长久的争论具有误导性——结果的不平等决定了机会的不平等。罗伯特·普特南（Robert Putnam）写过一篇关于"机会鸿沟"的文章，他指出少数优势群体的孩子基本都能茁壮成长，而弱势群体和落后地区的孩子则需要努力提高他们的起点。[24] 收入不平等和财富不平等都在加深，但不仅是顶层的人比底层的人发展更快——底层的人正在渐渐落后于自己的父母，现在美国有一半的人比自己的父母更穷。[25]

有一种观点认为，最不平等的地方经济最发达，这在某种程度上是一桩"好事"——蓬勃发展的城市对所有人都有好处。然而关键在于，只有一小部分人跟上了经济增长的趋势，获取了财富。在伦敦，该市 50% 的财富由 10% 最富有的家庭占有，底层 50% 的人只占了 5% 出头。伦敦人口中资产排名前 10% 的人拥有的资产是后 10% 人口的 295 倍。而且这一差距还在扩大：在过去的两年间，整个英国的经济下滑了 2%，而伦敦 10% 最贫困的人口损失了 32% 的财富。[26]

这种不断加剧的收入和财富不平等正在对城市内的集中贫困区产生深远的影响。国际研究表明，城市中的不平等隔离是一种全球现象，并且与城市规模、经济表现和全国整体的不平等水平密切相关。[27] 在美国，自 1990 年以来，全国 30 个最大的主要大都市区中有 27 个地区的收入差距有所增加。纽约、休斯敦和旧金山等城市较富裕的地区正在吸引更多富人，而较贫穷地区的居民的社会经济背景也同样变得更加同质化。[28] 居住隔离绝不局限于城市。在伦敦，城市房价上涨导致社会和经济隔离波及郊区。2004 年，外伦敦（Outer London）占伦敦最贫困选区的 32%，但到了 2015 年，这一比例上升到 47%；外伦敦有 140 万人生活在贫困中，占伦敦总人口的 60%。[29] 美国也出现了类似的情况，其郊区正在经历人口转变，因为很多无力负担城市住房的人来此生活，其中移民和有色人种所占比重越来越大。在美国，四分之一的郊区居民（1700 万人）都是贫困人口，比城市多 400 万。[30] 城市的贫困人口并未因此减少，反而全面增长，蔓延开来。理查德·弗罗里达提及威廉·朱利叶斯·威尔逊（William Julius Wilson）的工作，他探索了 20 世纪 80 年代贫困人口在空间聚集的影响，包括更少和更低质量的工作导致欠发达的经济和专业网络以及更差的学校质量、较高的犯罪率、问题百出的对等网络、缺乏正面榜样。[31]

劣势导致跨代劣势。

住房脱节

2015 年 9 月，数百人袭击了东伦敦肖尔迪奇区（Shoreditch）的一家咖啡馆，咖啡馆破损严重，并有一名警察受伤。事件的起因是什么？"麦片消除者"咖啡馆被视为该地区中产阶级化的典型代表。当地人察觉到了租金和房地产价格上涨、当地商店流失以及他们眼中的嬉皮士殖民化带来的影响。抗议活动是由一个名为"阶级战争"（Class War）的组织筹划的，他们认为此次袭击是正义之举：

> 石油资本、房地产开发商和权贵阶层正在撕裂我们的社区。地方当局正在通过"重建"社会住房进行目光短浅的现金竞赛。我们不想要没人买得起的豪华公寓，我们想要真正负担得起的住房；我们不想要快闪杜松子

酒吧或奶油蛋卷面包，我们想要社区。[32]

伦敦并非个例——全球许多主要城市都发生了反对中产阶级化的抗议活动。从柏林、阿姆斯特丹到多伦多、里斯本，人们一直在抗议，反对那些为了更便宜的住房而对城市部分地区进行中产阶级化的人。通过改善一个地区的外观和投资公共交通等基础设施，地方政府经常有意无意地促进这一中产阶级化进程。

中产阶级化是指原本的居民、商店和服务被更富有的群体取代。几十年间，全球城市中或多或少都存在这个过程。然而，特别是从20世纪80年代开始，该术语变得更具政治色彩，并与更广泛的增长和不平等论点保持一致。[33]尽管"阶级战争"等团体的行动占据了头条，但一个地区的中产阶级化并不一定是富人通过房价驱赶当地人，然后激起对高端商店和服务的需求。在住房成本普遍上升到社会上最贫穷的群体无法承受的程度时，通常就会发生中产阶级化。近年来，中产阶级化之所以变得更具政治色彩，是因为除了那些房价更低的城市，流离失所者能买得起房子的地方越来越少。

虽然中产阶级化为人们的不幸和不满提供了一个集结点和目标，但它反映了更广泛和更深层次的问题，尤其是中低收入群体的住房成本普遍增长及其对不平等状况的影响。中产阶级化的核心是经济增长和财富不平等加剧导致的住房压力问

题。在伦敦的大部分地区，即便是享受当地住房津贴的人也难
以承担住房压力。住房津贴是为全国 120 万个最贫困的家庭设
置的专门款项，用来支持私人租房。在英格兰东南部的其他地
区，如斯温顿和纽伯里（Newbury），只有 2% 的住房是人们负
担得起的，而在更广阔的东南部，包括米尔顿凯恩斯（Milton
Keynes）和剑桥，只有 10% 的住房是负担得起的。英国专门
救助无家可归者的慈善机构"庇护所"（Shelter）研究指出，
收入水平最低的工人面临住房负担能力危机。在英国东南部，
有的家庭将高达 60% 的净收入用于支付租金，即使在伦敦较
为实惠的地区，这一数字也高达 75%。[34]

　　住房负担能力恶化的影响不仅是在城市内部和城市之间
进行人口筛选。"庇护所"的调查结果显示，为了留在原本居
住的城市，家庭必须就如何分配有限的资源作出艰难选择：

　　　　由于住房福利过低，人们每周不得不支付至少 50 英
　　镑的房租，此时就需要在食物、电费和住宿之间作出艰
　　难的决定。[35]

这种情况对家庭的冲击巨大，对城市产生的后果也很严
重。那些受雇于低收入公共部门的人和关怀工作者——教师、
护士、清洁工等——难以负担在城市的生活：

他们甚至不会考虑在这里买房。我指的不仅是服务业人员，还有高级技术人员。科技精英们很难在硅谷买得起价位合理的房子。这使得想要招人的雇主也进退两难。[36]

旧金山和伦敦等地仍不断有人涌入，但他们是被科技或金融服务领域的高薪工作吸引而来的。许多城市招不到服务业和公共部门的工作人员。在旧金山，教师严重短缺，因为2013年至2017年间有40000人离开这里，比前五年增加了22%。一些教师反映，如果要租价格合适的房子，上下班的单程通勤就要花两小时。[37]市内的许多餐馆和咖啡馆都歇业了；其他仍在营业的店铺正在适应转型，让顾客自助用餐，减少菜品，在员工人数不足、缺少熟练工的情况下，简化做菜步骤——这种趋势在新冠肺炎疫情期间明显加速发展。

服务业其他领域的公司也在进行类似的调整，但即便如此，他们也只能留住两三个想要维持生计的员工。许多人已经彻底放弃，搬到租金和劳动力成本更实惠的城市。这就导致一些地方开始失去其多样性和特色。房屋脱节正在减少多样性和差异性，使地方更加同质化和无差异化。

除此之外，城市和城市居民还面临着一系列其他挑战和脱节，包括气候变化和日益严重的极端天气、人口老龄化、空气污染、交通拥堵、过时的基础设施以及能源和水资源短缺等。数字技术和"智慧城市"可以帮助解决这些问题，但前提是它们要尽可能减少其负面影响。

为什么这点很重要

有观点认为，无论城市面临什么样的挑战和破坏——正如 19 世纪的煤炭和蒸汽工业城市在 20 世纪被内燃机的发展所破坏，城市在过去已经经历过发展和适应的过程，只不过现在又要经历一遍而已。

还有另一种思路。2008 年，保守派智囊团政策交流中心（Conservative think tank Policy Exchange）呼吁彻底重新考虑城市政策，放弃他们认定的英格兰北部的失败城市：

> 是时候停止对桑德兰未来的盲目乐观了，问问自己，我们需要做些什么，才能让桑德兰人民拥有更光明的未来。[38]

尽管当时很多人不屑一顾，包括时任首相的戴维·卡梅伦（David Cameron），他说这份报告太"疯狂"了，但它代表了围绕城市产生的一种思考，即城市只是经济活动临时的功能性容器或说是舞台。这种观点与硅谷持有的以数据为中心的城市观点并无不同。还有人美其名曰，尽管有大量证据表明，过去几十年间全球的社会不平等加剧，但这种不平等会促使人们努力提升自己，所有人都因此而受益。

他们之所以会有这种回答，既有意识形态的原因（社会中的不平等和脱节本质上是错误的），也因为他们很自私（不平等会破坏长期增长和繁荣）。有重要的统计证据表明，经济不平等是如何通过阻碍社会流动性和技能发展、减少经济中熟练工人的数量以及剥夺无法发挥潜力的人的机会来破坏增长的。[39] 理查德·威尔金森（Richard Wilkinson）和凯特·皮克特（Kate Pickett）在他们二人于 2009 年合著的《公平之怒》（*The Spirit Level*）中指出，[40] 社会不平等还会产生社会后果，包括社会凝聚力不足、犯罪、健康状况下降、信任受损和消费增加。还有证据表明，社会越平等，经济越发达；随着不平等状况减少，生产力将会提升。[41]

社会中的脱节和不平等状况之所以不容小觑，还有一个根本性原因：这关乎人类的未来。在过去的十年中，特别是自 2016 年以来，一个宏大的故事徐徐展开，与政治变动息息相关，尤其是英国脱欧公投和唐纳德·特朗普当选美国总统。[42] 人们必须警惕在日益加剧的不平等和所谓的"民粹主义"政治兴起之间建立的直接、简化的联系。然而，许多人称，危机后紧缩政策带来的冲击和人们察觉到的移民规模在一定程度上导致了英国脱欧公投选民的不满情绪，而在美国，中美贸易对传统产业的影响也在某些方面推动人们支持特朗普。

　　然而，这种联系受到了质疑，因为在法国和奥地利等一些国家，尽管不平等状况并没有发生显著变化，但两国选民都倾向右翼。同样，在波兰，经济增长更加平等，选民却选择民粹主义右翼政府掌权。与这个宏大故事相关的其他问题涉及民粹主义的定义，如果不考虑意识形态的话，这一定义相当宽泛，其中似乎既有反移民、反欧盟的政治家，也能看到那些更关注环境和社会问题的人的身影。对投票模式变化的研究也凸显了文化因素的重要性，包括一些人对进步价值观和身份政治的强烈反对。

　　尽管复杂，但总体情况已十分明确——在过去的十年中，欧洲对民粹主义政党的支持翻了一番，而财富和收入不平等也普遍加剧。由于影响选民偏好的这些因素繁多而复杂，想要分离其因果关系永远不会直截了当，总会产生问题。研究不平等问题的主要思想家、法国经济学家托马斯·皮凯蒂（Thomas Piketty）试图证明美国、法国日益加剧的不平等与民粹主义之间的联系。[43] 根据皮凯蒂的说法，20 世纪 50 年代和 20 世纪 60 年代的特点是教育和基于财富的选民结盟——受教育程度较低和收入较少的人倾向于投票给左翼政党，而受教育程度较高和收入较高的人倾向于投票给右翼政党。左翼政党致力于推行再分配政策，而右翼政党则支持有利于商业的政策。然而，这种模式从 20 世纪 80 年代开始发生逆转——受教育程度更高的人开始与左翼政党结盟，并更多地投票给左翼政党，而富人则坚定地支持右翼政党。皮凯蒂认为，精英们现在同时掌控着左翼和右翼——受过教育的人是因为左翼更支持移民和国际主义，而富人是因为右翼支持对他们有利的政策，例如减税。这使得受教育程度较低和不太富裕的人从一开始就缺乏政党亲和力。在这个分析中，我们可以得出许多结论。首先，经济增长本身并没有使低收入群体受益，因为左翼右翼的主流政党都没有反映他们的诉求，或为他们争取利益。这也可以在某种程度上解释民粹主义政治的兴起，以及政客们给出的解释（移民导致了失业问题，气候变化是骗局）和解决方案（通过退出欧盟等多边机构来收回控制权）。在我们需要政治合作与协调以应对城市面临的最大威胁之际，由于不平等的增长和选择的缺乏，政治愈发不稳定，孤立主义政治家和政党开始崛起。

科技怎样帮助城市？科技正在帮助城市

　　城市中存在不平等现象，而且一直如此。城市分析师理查德·佛罗里达认为：

　　　　毫无疑问，最近富豪、科技初创公司及其员工、从事金融业和其他行业的专业人士涌入城市，带来了真正的挑战，并引发了高度紧张的冲突。[44]

尽管存在这种观点，但不能将城市中发生的一切归咎于科技巨头和数字初创公司。数字技术、"智慧城市"和科技巨头正在助长并加剧许多地方现有的城市危机，尤其当人们以更广阔的视角看待这些危机时，这一视角将数字经济包括在内。然而，全球有很多例子可以证明如何利用科技和数字技术来帮助和改善城市。埃因霍温（Eindhoven）等特定城市正在试图发展以人为本的智慧城市计划。巴塞罗那通过一系列旨在将数字技术用于社会公益的举措，包括再利用和回收、免费软件和数字服务以及社区教育和信息，获得了"数字主权"方面的领先地位。[45]

在另一个层面上，还有更普遍的社会技术举措。例如，摩耶咖啡（Moyee Coffee）使用区块链技术帮助农民获得更公平的价格，并协商供应链成本，将咖啡直接供应给消费者。在发展中国家的许多地方，数字技术也被用来为工人提供更好、更公平的交易，并尽力兑现谷歌最初许下的不"作恶"承诺。例如，公平旅社（FairBnB）是一个工人合作社，可以作为爱彼迎的替代网站。公平旅社的合作伙伴西托·韦拉克鲁斯（Sito Veracruz）很清楚其与爱彼迎的区别："第一个区别在于透明度和合法性。我们力求透明，但透明度高并非我们唯一的优势；实际上，我们希望与政府达成合作。"[46] 公平旅社遵循严格的"一个房东、一个家庭"原则，所有房产都要经过检查，以确保在该城市出租是合法的，租金的一半将用于资助社区项目。公平旅社不排除营利性租赁和设计，各个城市可以自行决定自己的需求。

其他替代性的平台服务也正在涌现，旨在解决大型供应商带来的负面影响。"道德消费者"（Ethical Consumer，网站名）[47] 就亚马逊的一系列替代方案提出了建议，而交通运输初创公司 Via[48] 提供的服务介于私家车和现有公共交通之间，其中 95% 都是拼车服务。这降低了乘客的成本，提高了司机收入，也缓解了交通拥堵。联合创始人兼首席执行官丹尼尔·拉莫特（Daniel Ramot）说："我们的想法是，能否想出一个折中的解决方案，尽量平衡成本和便利性。"[49] 拉莫特将 Via 称为"动态巴士"。Via 目前在 6 个主要城市提供服务，并在 20 个国家和地区提供了超过 7000 万次的乘车服务。他们与一些城市政府签订了合同，提供服务，完善公共交通，特别是在交通不便的地区。具有讽刺意味的是，由于我们越发意识到数字技术和信息化可能导致世界面临一些问题，人们对于技术造福社会产生了更大的兴趣，科学技术也因此得到极大发展。

有些城市拒绝接受智慧化，或对智慧化的定义持有截然不同的看法。有一个广为人知的案例，墨西哥小镇圣玛丽亚托南津特拉（Santa Maria Tonantzintla）——地区长官指定的智慧街区或"智能城市"——抵制了国家对数字殖民化的推动，并试图阐述"智慧化"对他们意味着什么。镇内的一些举措使人们对"智慧化"会带来什么样的变化产生了质疑。拆除城镇广场以提供更多的娱乐区域被虚假地与智慧化联系在一起，这引发了当地社区的担忧：在没有进行协商的情况下发生改变，只会使游客和外来者受益。有居民评论说："当政治家问我们想要什么时，我们告诉他们，我们想要诊所、公园和娱乐设施，这样我们就不必跑去普埃布拉（Puebla，一个城市）了。"[50]

在附近的其他城镇，一些所谓的智慧化举措已被取消，包括一条很少使用的自行车道。存在的质疑是：这种举措的规划者是"智慧城市"的倡导者，他们在没有咨询当地人的情况下，从全球智慧城市计划的"名录"中进行选择，并照搬其他地区的项目。其他人则认为，智慧化被用作一种强制进行的不受欢迎的变革方式。因此，数字技术可以用于正途，一些负面因素也能得到控制——比如，伦敦交通局（TfL）计划对优步实施监管。

未来的竞赛

技术可以用来帮助改善城市以及解决城市面临的挑战，但这不是问题的关键。问题的关键在于，数字技术的有益利用与硅谷正在掀起的变革海啸之间存在着一场竞赛。我们的认同以及城市的推动也助长了这次的变革海啸。这是一场关于我们如何定义和打造智慧化使用模式的竞赛。我们都知道这场竞赛正在进行。麦肯锡公司（McKinsey & Company）将"智慧城市"定义为"不同的参与者利用技术和数据作出更好的决策并实现更高生活质量的地方"。[51] 以此衡量，许多所谓的"智慧城市"充其量只是成功了一部分，它们失败的可能性更大。

人们的担忧和可能的结果是城市将输掉这场竞赛。数字技术将使城市的某些部分更高效，但无法解决根本性问题和生存挑战。就目前而言，智慧化对解决城市当前面临的挑战几乎无能为力，更别提即将到来的挑战了。

第7章

昨日的未来城市

无论好坏，"智慧城市"创造的许多途径和机会，引起了翻天覆地的变化。目前，数字孪生（digital twins）在全球范围内广泛使用。一位"智慧城市"的支持者认为，数字孪生很"热门"：

> 传感器和数据分析、人工智能、机器学习和无人机可以实时反馈信息，赋予数字模型生命。这些模型已演化得更加复杂，可以反映相对应的实体对象，它们不再独立存在，而是形成了成熟的联动系统。[1]

数字孪生是复制现实城市的虚拟模型。它允许建模者和决策者——政治家、工程师、建筑师、房地产开发商和规划师——拉动虚拟杠杆，测试各种不同的情景，提出问题，诸如在该地区新建购物中心对交通拥堵的影响，或城市经济将如何应对营业税的变化。

对许多人来说，这种高高在上的监督与权力仿佛是圣杯一样的神器。这就是为什么新加坡市和纽卡斯尔（Newcastle）等城市都急于开发数字孪生模型，坚信自己可以对数字干预进行建模、预测和测试，这样就无须与居民和社区进行实际交谈、说服他们，可以避免争议，节约成本和时间。一些绿地城市就是数字孪生的成果，如安得拉邦（Andhra Pradesh）耗资65 亿美元打造的新智慧城市阿默拉沃蒂（Amaravati）。开发数字孪生软件的公司城市天顶（Cityzenith）的首席执行官迈克尔·约翰逊（Michael Jansen）说："阿默拉沃蒂的一切建设都将提前进行情景模拟，优化结果，并根据变化调整运行。这对城市来说是巨大的飞跃，可以提升城市的设计、建造和管理方式，改善城市优化与私营部门和市民的关系。"[2] 这种方法的浅层吸引力显而易见：

> 昨天的绿地城市历经 100 年才形成，今天，借助数字孪生软件平台的普遍集成和全方位预测能力，绿地城市只需 25 年就能实现。[3]

从某种层面上来说，无论是数字孪生本身，还是将它作为支持决策的辅助工具，都有很多地方值得称道：人工智能和机器学习的预测能力与实时数据相结合，使我们能够模拟气候变化对城市的影响，促进了缓解和适应的过程。然而，对许多人来说，数字孪生的潜力和吸引力远不止于此。这是一项基于案头的城市规划，居民和社区是算法中的变量，他们的反应能够被预测并提前考虑在内。

然而，数字孪生以及它们收获的支持并不新鲜。这不过是"城市机器"思想流派新瓶装旧酒的把戏，这种观点在城市规划中具有悠久的传统。对数字孪生的支持在不同时期都曾成为热点，尤其是在 20 世纪 60 年代，但是由于公众要求对未来城市拥有发言权而冷却下来。冷却的原因很简单：尽管数字优化制定了发展蓝图，作出了承诺，但与政治决策密切相关的建模和预测无法仅通过算法得出。数字孪生的预测可能会得出这种结论：高架高速公路和市中心停车场可以"优化"整个城市的交通流量和可达性，但会忽视对个人和社区的影响，就像布里斯托尔和利兹等众多城市在 20 世纪 60 年代的案例。尽管有反对的声音，但这种"解决方案"还是强制实行了。

因此，数字孪生运动背后的动机并不像其支持者所声称的那样，是为了探索改变城市的最佳方案。相反，它事关谁才是变革城市的"主宰"以及变革的利益基础是什么。谁拥有城市、管理城市，这场斗争由来已久。在历史上，技术一直被用作某些人牟取利益的手段。简而言之，技术不仅存在于城市中，它由倡导者和利益集团积极推动，并建立在城市规划、城市建筑和地方政治的长期立场和传统之上。在这场决定谁是城市主宰的战争中，数字孪生和其他数字规划工具只是其中一场最新的战役而已。这在某种程度上解释了为什么数字化和智慧化在城市中如日中天。因此，要充分了解"智慧城市"，就必须退后一步，在过去的未来城市中揣摩技术与城市之间的长期关系。

从中世纪到大都会郊区：城市之外的技术发展

城市与技术之间的关系长久而密切。污水处理系统、电力、空调和清洁用水等设施创新都对城市居民的生活产生了巨大影响。城市的空间形态也在很大程度上受到技术的影响。在原本紧凑的城市，所有阶层的住房和工作都集中在狭小密集的定居点，因为别无选择。尽管工业化导致"人类环境前所未有的堕落"，[4] 但人们别无他法，只能在污染、不健康和充满危险的环境中聚居。在 18 世纪初期，爱丁堡是欧洲人口最稠密的城市之一。迷宫般的多层住宅从城堡延伸到皇家英里大道，使居民集中在一个密集的城市飞地中生活。社会分化是水平的，因为商人和商店店主住在更便宜、更容易到达的底层，富人住在建筑物的中间，而最贫穷的人则住在通往顶层的楼梯上。这种人口集中存在一部分历史原因，城墙作为防御设施限制了城市的发展。但是，哪怕后来的城市已经不再需要修筑城墙进行防御，城市的人口密度仍然很高。

主要原因在于直到 19 世纪中叶，有限的车马行驶距离限制了上下班的通勤。仅有少部分经济实力允许的人能负担得起住在城外的费用。另一个原因是经济需要。廉价住房出现在新工业区的工厂、矿山和磨坊周围，给了他们一个负担得起的"家"，尽管那里质量低劣，拥挤又不卫生。

铁路的到来打破了这种模式，人们可以在一个地方生活，在另一个地方工作。最早的例子之一是 19 世纪中叶的美国，当时纽约至威彻斯特（Westchester）的铁路线推动了前往斯卡斯代尔（Scarsdale）、新罗谢尔（New Rochelle）和拉伊（Rye）等一系列新开发项目，改善居民区的通勤。在伦敦，1863 年世界上第一条地铁的开通背景与新的房地产开发有关。这些房地产开发项目通常由铁路公司负责，他们在规划好的线路和车站周围购置土地。人们有逃离城市的需求，这就意味着这种商业模式会非常成功。伦敦铁路公司的投资商之一——美国金融家和开发商查尔斯·泰森·耶克斯（Charles Tyson Yerkes）说："如果我在车站附近建楼，人们自然会来。"[5] 他是对的。车站建成后，周边的土地价值最高上涨了 800%。那些有钱人迫不及待地想离开过度拥挤和污染严重的城市，搬到后来被称为"大都会郊区"（Metro-Land）的地方。这个名字不仅反映了传统城市地区的扩张，而且来自世界上第一条地铁——大都会地铁（Metropolitan Railway）。

大都会郊区成为一种流行的（或说人造的）愿望，建筑商、铁路公司和银行的有效营销助长了这种愿望，他们热衷于赚钱并满足不断增长的中产阶级对空间和清洁空气的向往。这个词由铁路公司创造，以鼓励人们幻想在田园诗般的乡村建造现代化住宅，并提供通往伦敦的快速可靠的铁路服务。大都会铁路的伦敦主要终点站贝克街站（Baker Street Station）被称为"通往地铁的门户"。出行指南、流行歌曲甚至伊夫林·沃

（Evelyn Waugh）的小说中都出现了大都会郊区，这个地方实际上并非不可想象。

欧洲和北美城市普遍经历了郊区化的发展，因为铁路为富人和技术人员提供了外流的途径。伦敦周围的地方，如哈罗威尔德（Harrow Weald）和平纳（Pinner），以前是大村庄，自从通过铁路与首都连接，扩大了十倍有余。然而，铁路是双向运作的，可以支持人们通勤，运输原材料，然后将原材料制成商品出口。它们还能满足城市的日常物质需求，使城市得以扩张，在城市内创造出充满活力的增长区和相应的衰退区，促成办公区和住宅区分离。对于那些没钱逃离的人来说，爱丁堡老城（以中世纪堡垒风格为主）的旧式公寓大楼并不是唯一一个沦为贫民窟的地方。根据交通的便利程度，城市被分为富人区和贫民区。

铁路和铁道部门极大地改变了城市，大约一个世纪后，另一种技术干预——私家车——越来越普及，彻底改变了城市，这种改变既有积极的一面，也有消极的一面。亨利·福特（Henry Ford）于 1908 年推出 T 型车，该车型在 1914 年和 1916 年的销量分别超过 250000 辆和 500000 辆。这一销量增长是由成本下降引起的，该车型的同期价格从 825 美元跌至 360 美元。1927 年，T 型车终于停产，总产量超过 1500 万辆，占美国汽车产品市场份额的一半以上。为了适应汽车占有量与使用量的爆炸式增长，美国城市开始重组，修建新路、翻新旧路——房地产开发商和投机者从中看到了推动建筑业在城市外发展的机遇，从而推波助澜。

与铁路一样，汽车零部件制造商、房地产投资者和企业集团组成了强大的联盟，成功说服地方和联邦政府支持汽车在城市内使用。还有人采取了更直接的行动，例如通用汽车公司（GM）认为无轨电车占用了宝贵的城市道路空间，于是在全国范围内开展驱逐无轨电车的运动。通用汽车公司命其子公司收购电车公司，并在整个 20 世纪 30 年代到 40 年代将其全部关闭，为汽车和公共汽车腾出更多的道路空间。与此同时，美国联邦政府也看到了道路投资的商机——此举可用来应对大萧条——在 1933 年至 1940 年间投入 40 亿美元用于城市道路建设，并于 20 世纪 50 年代进一步修建了长达 41000 英里的州际公路，在 20 世纪 60 年代开辟了新的城市外地产项目，拓宽发展机会。

铁路和公路使城市能够突破地理边界，让许多人得以逃离城市，也助长了隔离趋势，甚至加强了被留下来的人的贫民区化。但这些并不是唯一改变城市的技术变革。交通改良推动了城市向外扩张，而钢铁、电梯和钢筋混凝土的发展使城市得以向上扩张。自 20 世纪初，许多城市的人口密集化程度有所提高。1885 年，芝加哥建成了家庭保险公司大厦（Home Insurance Building），高 10 层，这是第一座钢架摩天大楼。随着技术的发展，开发商意识到高层建筑的经济效益，更多的高层建筑如雨后春笋般涌现。1902 年，纽约建成了高 20 层的熨斗大厦（Flatiron Building）；到了 1931 年，他们已经能建成高 110 层的帝国大厦（Empire State Building）。高层建筑不仅局限于办公区，而且迅速蔓延至住宅区。特别是第二次世界大战之后，城市破损严重，急需大规模民宅建筑。与此同时，预制组件和钢筋混凝土技术进一步发展，粗制滥造的高层建筑项目激增。在英国，政客争相承诺将在 20 世纪 50 年代到 60 年代建造更多的公共住房，拆除 19 世纪的露台和街道，用高耸的摩天大楼取而代之。

以上所述和其他未提及的技术创新浪潮接连不断，在城市内外产生的结果却并不相同。一方面，城市高速公路和住房计划在世界各地的城市普及，成果颇丰。另一方面，纽约东哈林区（East Harlem）、下东区（East Harlem）和布朗斯维尔（Brownsville）等地区的社会和经济隔离由此而生。

与"智慧化"项目推行相呼应，在整个 19 世纪，城市相互竞争以适应变化、拥抱技术，俨然一场技术适应的军备竞赛，许多城市仍伤痕累累。随着中产阶级（主要是白人）开车离开城市，前往郊区，巴尔的摩等地受到了全面影响。服务业紧随其后，随着购物中心在城外的新环城公路上涌现，城内商店的生意被抢走。因为交通可达性提高，来自美国其他地区的廉价钢铁扩宽了市场，巴尔的摩的主要产业——钢铁制造业——受到了沉重打击。总而言之，城市的大部分地区，以及那些被困在城市的人，都因不断上升的犯罪、失业和贫困问题被抛弃。

各种利益团体围绕促进郊区化和创建大都会郊区结成联盟，这表明城市的技术变革并非中立或不可避免。积极推动变革，通常使那些并非直接和明显受益者的人受益——郊区化满足了中产阶级日益增长的对空间和改善生活方式的需求，但银行、土地所有者和开发商也在推动变革。那些推动"智慧城市"的人显然是为了从中牟利，但这并非故事的全貌。关于谁或什么决定了城市的未来，在这场长期斗争中，智慧化和数字化成了最新动力。技术和技术变革有一系列拥护者——那些推动其发展的人，因为这对他们有利。

智慧化为什么能得到规划者的青睐

一部分技术和城市的拥护者是规划者。那些参与城市规划的人，从专业人士到政客，从社区到企业，都知道这项活动多么分裂，存在多少争议。城市中经过规划体系的所有命题必然会引发实践层面与意识形态层面的冲突和争论。在某种程度上，争论源于变革的细节——一个新项目的开展是获得了支持还是遭到了反对，最终归结为实际的提议。但无论反应是消极的还是积极的，很大一部分来自一个人对城市和规划的态度或倾向。从马克思主义者到自由主义者，从实用主义者到女权主义者，有许多思想流派提出了城市规划的目的和实施方案。[6]
一些人提出未来应当以人为本，一些人提出了渐进式的变革方
法，还有一些人强调以技术为主导的城市规划方法。这些话题
或传统受智慧化的影响最大，它们为构建和推广数字城市提供
了一个现成且合适的基础。其中三项尤为突出：技术作为意识
形态，技术作为控制手段，数字技术与规划。

技术作为意识形态：重新思考城市

规划和建筑有着悠久的传统，它推动了城市有序、整洁、
纵向的未来，彼得·霍尔（Peter Hall）称之为"高楼之城"。[7]
这种城市愿景出现在 20 世纪 20 年代，此时大多数城市经过多
年的发展，早已变得混乱不堪，它的忠实拥趸看到了一个机
会，狂热地宣传他们的白板乌托邦。柏林、巴黎和伦敦等地仍
存在大片贫困地区、过度拥挤的住房和堪忧的卫生条件，人们
净化城市、重新开始的呼声很大，这让曾经针对这些问题进行
的零碎尝试更显失败。但是，这些沉疴痼疾不能只归咎于解决
方案的力度不够。清扫城市主义的倡导者认为，问题在于解决
住房和贫困的措施治标不治本。作为一个整体，城市需要适应
和发展，以满足当代生活的需要，改善市民生活。混凝土和
钢材让建筑向上延伸，私家车让家庭和工作分开——技术就是
答案。但是新技术被层层施加在无法适应的旧城市上。在这里
撤掉一条无轨电车路线，在那里修一条新路，这些做法意义

不大。随着新技术使中世纪和工业城市变得过时，城市本身需要进行彻底地重新思考。引用"高楼之城"的领军人物之一勒·柯布西耶（Le Corbusier）的话，"城市的设计太重要了，不能交由公民决定"。[8]

这种推动大清除的运动被称为"现代主义"，这个标签表明城市与技术脱节，不适合未来的需求。为什么会有城市拒绝现代化？就像"智慧化"及其隐含的对立面"愚蠢"一样，现代主义是每个人都可以接受的愿望。现代主义和城市遵循着最初由国际现代建筑协会（CIAM）制定的原则——CIAM 于 1928 年成立，是一个极具影响力的国际伞式组织。在这种原则的指导下，建筑和规划是推动社会进步的力量，侧重点不是风格而是功能，是一种将建筑和城市与当地环境和风格分开的方法。对现代主义来说，有效的就是重要的，应该对城市本身进行无情地规划，使其具有功能性、清洁性、安全性、健康性和可达性，特别是可以通过私家车达成这些目标。

CIAM 的创始人之一、领军人物、法国建筑师勒·柯布西耶在将建筑描述为"生活机器"（machines for living）时总结了这种态度和方法。这种态度注意到当前城市杂乱、复杂和无序的性质。现代主义认为，城市应该严格隔离不同的功能区，以使它们更高效、适应性更强、更宜居。1922 年，勒·柯布西耶开始设计一座可以容纳 300 万人口的理想新城市，该城市由相同的 60 层摩天大楼组成，位于广阔的开放空间。对于巴尔

的摩和许多其他面临住房贫乏、去工业化和犯罪率上升等典型
深层问题的城市，这是一个有吸引力且简单的前景——既然新
城市给出了解决当前问题的保证，城市就可以按照这些设想进
行改造。

拉斐特法院（Lafayette Courts）于 1955 年在巴尔的摩建
造，是勒·柯布西耶设想的"生活机器"之一，据说可以用干
净、舒适、负担得起的高层住宅取代过度拥挤的贫民窟。这是
该市众多高层公共住房项目中的第一个——勒·柯布西耶称之
为"公园中的塔楼"。然而现实情况是，随着工作和机会由城
市转移到郊区，那里很快就变成了贫民窟，充斥着犯罪和毒
品，生活境况悲惨。拉斐特法院于 1995 年被拆除，取而代之
的是在现代主义崇拜被城市的规划者和政客采纳之前就存在的
大规模和高密度的住宅区。

技术作为控制手段：城市规划——富有远见的重生

自上而下彻底清除城市中的一团乱麻，这一理念并非只
局限于现代主义和"高楼之城"，还与城市规划相关的不同
学科息息相关。在 20 世纪之交，芝加哥的总体规划师丹尼
尔·伯纳姆（Daniel Burnham）提出了他对于城市未来的思考：

不要制订小计划，它们没有让人热血沸腾的魔力，
或许也没有实现它们的可能。要制订大计划，抱有崇高

的希望和工作目标。记住，一个宏大的、符合逻辑的范式一旦被记录下来就永远不会消亡，它在我们离开很久之后依旧鲜活，总会有后来的支持者让它继续存在。[9]

事实证明，这一概念，即对城市进行富有远见的复兴影响深远，尤其是对许多西方城市而言。以现代主义的态度为基础，将规划放在城市而不是社区中看待，它鼓励了一种宏伟的大规模重建的个人愿景，细微差别、复杂性、历史结构和演变被林荫大道、高层建筑、城市高速公路、住宅与办公隔离所取代。

具有远见的城市规划观点出现在第二次世界大战之后。战时的国家需要扩张、保持活跃，有必要进行最广义的政府规划。与此同时，人们对国家控制经济的接受程度越来越高，默认了国家施加的种种约束。战争结束后，这种势头继续存在，并将注意力转向战争造成物质和经济破坏之后重建城市的迫切需要。英国的大型城市更新项目试图在经历过炮火的城市上新建现代住房，因为汽车的普及，这些住房周围的交通更加便利。新的工业在城市边缘和全国范围内涌现，有意识地分散发展，以防遭遇空袭时目标过于集中。未来的空间格局包含以下理念：保留现有的城市，分散住宅区并打造新的地标。一系列新城镇——斯蒂夫尼奇镇（Stevenage，1946年）、哈罗新城（Harlow，1947年）和布拉克内尔（Bracknell，1949年）等得以规划建造，它们的蓝图看起来与现代主义者的宏伟愿景非常相似。

在美国，汽车也为城市的重生奠定了基础。在纽约，被评论家及其支持者称为"推土机鲍勃"（Bulldozer Bob）的罗伯特·摩西（Robert Moses）将自己视为这座城市的救世主。摩西看到了进行城市现代化以使城市适应现代发展的必要性。作为伯纳姆的支持者，他坚信只有进行彻底的手术才能让未来的城市获得一切必需品，才能拯救城市。对于摩西和纽约市来说，这就意味着对道路进行大规模的拆除和重建——甚至可以说是绝大多数道路。在从 20 世纪 20 年代到 60 年代的漫长职业生涯中，摩西同时担任多个公职，修建了 637 英里的高速公路、13 座桥梁、2 条隧道，以及 658 个游乐场、10 个公共游泳池（摩西是一名游泳运动员，在 1981 年去世前，一直坚持游泳）、17 个公园和许多住房项目，对纽约市的大部分地区进行了改造。一些人将其与 19 世纪巴黎的豪斯曼男爵（Baron Haussmann）进行比较。摩西称，他和他的工作人员是专家，并且知道什么对城市最有利——他参考了一些调查，这些调查以统计数据、模型和科学理性主义为支撑，将建筑物分类为不适宜居住的地方或贫民窟。不出所料，这种自上而下的自信与决心获得了勒·柯布西耶和其他现代主义建筑代表人物的支持。对他们来说，摩西的方案是正确的——为了适应未来，这座城市需要进行一场大手术，尽管这样做不免令人伤感，还需要应对公众舆论以及政治敏感话题。

像现代主义一样，摩西这样的大规划者并没有按照自己的方式行事。在 20 世纪 60 年代，罗伯特·摩西遇到了他的对手——简·雅各布斯（Jane Jacobs），这位社区活动家敢于对城市的未来提出截然相反的观点。20 世纪 50 年代，摩西对城市的控制达到顶峰，如他所说，曼哈顿下城区（Lower Manhattan）是"地狱般的百亩地"，哈林区（Harlem）的部分地区则是"必须切除的癌变生长区"。[10] 所谓的"切除手术"将通过一条十车道的城市高速公路实现，416 座建筑物和 365 家商店将被拆除，2200 户人家需要搬迁，公园和开放空间也将被占用。相较于彻底的"手术"，雅各布斯对纽约有不同的诊断和预后。一些居民聚集在一起反对这些计划，他们的传单引起了雅各布斯的注意，并促使她采取行动。受她的激进主义和组织能力影响，社区对这些提议提出反对，参加公开听证会，并通过媒体进行游说。摩西大怒。1958 年，摩西计划修建一条穿过纽约华盛顿广场公园的四车道高速公路方案，在商讨的听证会上，他坚持认为：

没有人会反对，没有人……除了一群母亲。[11]

雅各布斯及其支持者秉持以人为本的演进变化观点，提出了一个可以替代占主导地位的、自上而下的、理性的城市规划方案。她的替代方案载于其巨著《美国大城市的死与生》

（*The Death and Life of Great American Cities*），出版于 1961 年。[12]
雅各布斯挑战了从埃比尼泽·霍华德（Ebenezer Howard）到
勒·柯布西耶的众多观点，她主张多样性，认为城市规划应
当包括并传播"人行道上的芭蕾舞"（ballet of the sidewalk）概
念，陌生人通过多种方式互动，从而塑造城市的整体性和安全
性。妥善使用的街道可以促进文明和安全，并作为街区或社区
关系的基石。为了培育这样的社区，雅各布斯认为城市规划需
要鼓励多样性，而不是同质化。多种用途、规模和风格的建筑
将有助于街道保持生机和活力。

技术与数字规划

许多参与城市管理的人始终有一个强烈的核心信念，即
可以而且应当将城市作为复杂的适应性系统来构想和管理，让
这里成为可以理解、塑造、控制和改进的地方。技术是改善
的动力，激发了对进步的信念。另一方面，民主参与是阻挠
并延迟变革的障碍，不可避免地导致我们只能选择次优解决
方案。当技术或创新与城市现实发生碰撞，城市需要适应和
发展。将城市和城市规划视为数学计算的延伸，这一传统由
来已久。现代城市规划这一概念本身就以理性和科学方法为
基础，这在今天仍然能引起人们的强烈共鸣。但最近城市规
划中的技术官僚倾向更具有现代特点。在第二次世界大战期
间，希特勒的得力助手和大屠杀的策划者海因里希·希姆莱

（Heinrich Himmler）需要有人帮助其规划东部新占领领土（主要是波兰和捷克斯洛伐克）的德国化。他找到了沃尔特·克里斯塔勒（Walter Christaller）。1933 年，克里斯塔勒发表了《南德意志死去的中心地段》（Süddeutschland 即德国南部的中心地区）[*Die Zentralen Orte in Süddeutschland* (*Central Places in Southern Germany*)]，它提出了一个区域内最佳空间布置、规模和定居点数量的模型。

克里斯塔勒的中心地理论提出了一种嵌套的、等级分明的聚居模式，其中较少的大聚居地提供更专业的商品和服务，而较小的聚居地数量更多，以满足更基本的需求。根据克里斯塔勒的说法，定居点会自动进行最有效的空间安排。希姆莱需要一个合理、有效的定居模式，一个可以在东部新占土地上强制实行的模式，他命克里斯塔勒监督他们的规划。[13] 如果克里斯塔勒通过系统分析和建模以调整建筑和自然环境的方法没有吸引之后来自世界各地的几代规划者、政治家和地理学家，引发无数对符合或不符合这一理想的地方进行研究，他为纳粹所做的工作甚至不会在历史上留下痕迹。

他还给我们留下了一笔不易发现的遗产：完善了城市与看不见的秩序之手之间的潜在关系，这个秩序之手蕴含了逻辑和理性。这一理论提供了启发性的城市思维模型，因此极具吸引力。宾夕法尼亚州的创始人威廉·佩恩（William Penn）规划了一个基于理想大小和形状的网格式城市，这将是一个由

10000 英亩土地和 10000 座住宅组成的"绿色乡村小镇",每座住宅刚好占地一英亩。埃比尼泽·霍华德的花园城市模型于 1898 年首次提出,同样提出了一个理想大小和空间的分层聚居模型,以倡导他认为的城乡平衡。霍华德的想法直接影响了英国的花园城市和新城政策,主导了米尔顿凯恩斯等地的发展。

随着计算机技术的发展以及布莱恩·麦克拉克林(Brian McLoughlin)和乔治·查德威克(George Chadwick)等人的推动,城市作为一个系统的概念在 20 世纪 60 年代重新成为主流,他们认为城市应该被视为由多个相互关联的部分组成的整体,例如就业与住房是一个城市的不同功能,但二者的关联之处在于,当就业水平上升时,对住房的需求也会上升。就业变化也会直接对交通、健康和教育服务的需求以及零售活动产生影响。

重要的是,这一系统还存在反馈循环,如果交通拥堵太严重,经济活动可能会受到负面影响,因为企业会在其他地方寻找落脚点或寻求其他交通解决方案。在这种方式下,系统开始演变,城市发生变革。从系统的角度看,城市规划应该设法了解这些变化并进行干预,尽可能减少负面影响,最大限度地提高城市性能。规划者将成为建模者,通过调整各项标准来进行实验。城市规划者的圣杯是计算能力,他们可以利用它来创建模型、进行模拟。城市将专注于用计算机来管理和规划他们的未来，城市规划者将成为主持建模的大祭司——这个角色吸引了许多人。一位系统规划的主要倡导者说：

> 现在和未来的大多数规划办公室都需要使用至少一台的中型或小型计算机，以及更普通的设备，如自动电子计算器。[14]

将城市视为互联系统，由麻省理工学院斯隆管理学院（MIT Sloan School of Management）教授杰伊·福里斯特（Jay Forrester）主导的工作推动了这一势头。1969年，他出版了著作《城市动力学》（*Urban Dynamics*），将城市简化为建模和模拟，结果证明这是一个极具影响力的源泉。[15] 福里斯特使用算法和假设来模拟不断变化的人口、住房和工业的不同组合产生的不同后果，以及对城市发展和演变的影响。根据福里斯特的模型，税收减免、职业培训计划和提供经济适用房等干预措施实际上会对城市的长期经济发展造成损害，因为服务需求的增长，需要向经济活跃居民征收更高的税额来支付。《城市动力学》认为，城市是复杂的适应性系统，对一个领域进行干预会在其他领域相应地产生可预见的后果，例如，对交通进行干预会影响某些地方对土地和财产的需求。

这些模型还对经济蓬勃发展的地方进行模拟，比如目前的旧金山已经进入"正途"，而其他经济欠发达的地方还需要模仿这种方式，创造良性的增税反馈循环，以维持公共服务，进一步提高经济吸引力。增长是城市问题的答案，但这种增长是一种特定的基于供给侧干预的增长。福里斯特的假设是典型的城市和经济"万物皆有价，唯不知价值"的方法论，这种模式优先考虑经济和那些更容易控制的政策杠杆——修建更多道路以提高交通可达性，促进经济增长——而不是解决更棘手、更复杂的药物依赖或儿童肥胖问题。然而，无论抽象的规划系统方法怎么把问题简单化，存在多少漏洞，它已经演变成一种现实世界的方法。系统规划从一个小众派系变成了城市思想流派中的主流。

尽管关注范围狭窄，并且对城市和人类行为的批评可以量化或简化为公式，但福雷斯特的《城市动力学》就像克里斯塔勒的中心地理论和霍华德的花园城市一样，曾经具有影响力，而且这种影响力现在仍然存在。学校地理课和大学课程中仍然会讲授这本书，对于那些坚信城市可以被简化为数字并被理解为系统的人来说，它仍然是一个试金石。年轻的程序员威尔·莱特（Will Wright）就是《城市动力学》忠实的拥护者。莱特拥有建筑和工程学背景。1989 年，他结合自己的专业背景推出了《模拟城市》（SimCity）——一款非常受欢迎的城市规划模拟游戏。《模拟城市》经历了多次迭代，它的核心卖点一直是让玩家以市长的身份发展城市，作出方方面面的决策，从交通、医院、消防服务和警局的投资到多少土地被划为住房区和工作区、何时进行土地划分。这个游戏玩法开放，令人上瘾，并且会针对玩家的政策和决策的受欢迎程度给予反馈。正如作者所说，这款模拟游戏让玩家把城市看作一个系统，而这一方式正是这款游戏的核心所在：

首先，它对我来说只是一个玩具……我认为将自己设想的城市变成现实会很酷。所以我开始研究关于城市动力、交通等方面的书籍。我偶然发现了杰伊·福里斯特——这位堪称系统动力学之父的大师——的作品。实际上，他是我发现的第一批在计算机上模拟城市的人。不过在他的模拟中没有地图，只有数字。就像人口水平、工作数量，只是一种电子表格模型。[16]

城市底层模型与图形的结合以及快速查看"什么能起效"的功能非常受欢迎，但它也让许多人担心这款"游戏"被过于认真地对待，从而强化了对城市的特定看法。正如凯文·贝肯（Kevin Baker）所写：

在其发布后的几年内，全国各地大学的教师开始将《模拟城市》融入他们的城市规划和政治学课程中。

社会学家保罗·斯塔尔（Paul Starr）等评论员担心游戏的底层代码是一个"无法触及的黑匣子"，它可能会"诱使"玩家接受它的世界观,例如低税收促进了这个虚拟世界的增长。1992 年,一位《模拟城市》的粉丝告诉《洛杉矶时报》(*Los Angeles Times*):"因为玩这个游戏,我彻底成了一个共和党人。我只想让我的城市不断扩建。"[17]

莱特的意图从来都不是诱导人们将城市和城市规划视为类似于计算机模拟的存在:

> 受混沌理论和许多其他因素影响,我很早就意识到,用这样的模拟进行预测没有希望。但我们看待系统的方式未免有些理想化了。模拟城市是对现实城市运作方式的艺术加工,而不是城市运作的现实模型。[18]

然而,还原论的诱惑继续鼓励着城市建模。除了城市建模之外,莱特对城市思维还有别的贡献。2000 年,他推出了《模拟人生》(*The Sims*),这是一款生活模拟游戏,玩家被视为上帝般的创造者和人类的控制者,指导他们的生活并满足他们的需求。与《模拟城市》一样,《模拟人生》将复杂的行为和交互简化为一种模拟形式:

> 我一直对建筑很感兴趣,所以《模拟人生》的灵

感来源之一就是克里斯托弗·亚历山大（Christopher Alexander）的这本《模式语言》（*A Pattern Language*）。克里斯托弗·亚历山大非常喜欢套用公式。他出身物理专业，后来进入了建筑行业，因为建筑算不上一门科学而感到沮丧。但同时，他也有非常有趣的人文主义者的一面。他认为所有的建筑原则都应该清楚地还原为基本原则，这也是他在那本书中试图做到的。[19]

在众多规划思想的共同作用下，数字技术和智慧化正在打开一扇门。如果认为数字孪生起源于《模拟城市》，可能就把问题过于简单化了。但事实是，城市规划中对这种发展方向表示热烈欢迎。

技术塑造了城市，数字技术在改变城市的过程中找到了乐于接受的受众，但数字技术如何在当地产生影响？

点点滴滴：数字计算后城市的复苏

这些规划主题为"智慧城市"提供了重要背景，但它们不只具有历史意义。数字孪生并不是使用数字技术来规划和管理城市的唯一方式。

2017 年，圣莫尼卡（Santa Monica）推出了"城市批评"（City Swipe）在线系统，通过向居民征集关于 15 年内社区应该如何发展的反馈，来协助城市规划。公众能够参与到城市规划中来，普遍要感谢数字技术，因为数字技术使信息更容易获取，会议可以通过网络直播，居民和企业可以在合适的时间参与。然而，"城市批评"与以往不同，因为它是一种新的城市规划途径。事实上，这个应用的图标和给人的感觉都非常像一个移动约会应用程序。

它向用户展示图像并提问，用户要回答"是"或"否"，或他们更喜欢哪种视图。用户可以通过向左或向右滑动来进行选择，如果你用过在线约会应用程序 Tinder，想必对这种模式不会陌生。城市政府利用了当下流行的匹配软件模式，鼓励市民以寻找约会对象的方式来参与城市规划。圣莫尼卡强调了这种参与规划的转变，阐述了它认为这种方法的优势——包括赋予最终用户权力、避免无聊的会议、提高效率（如果将复杂问题简化为两张图片的选择，就不用浪费时间去理解了），没有听不懂的术语——他们认为这很有趣。[20]

可以这样说，只有与正确的工具竞争，才能吸引网民的注意。然而，除了观察到类似于 Tinder 的城市规划之外，将复杂问题简化为二元决策也存在一些严重问题。谁来决定人们的选择？那些不能被简化为二选一的问题又如何处理？城市面临的挑战变得越来越复杂，需要权衡取舍、进行艰难的选择。换句话说，他们不仅涉及政治，而且需要进行政治决策。

2018 年，巴塞罗那引入了一个新的低排放区，旨在有效禁止非零排放车辆进入城市中心，以此解决车辆导致的空气高度污染问题。在此过程中，世界各地的许多其他城市，包括伦敦、墨西哥城、阿姆斯特丹、巴黎、雅典和柏林，也引入了这一举措。十多年来，巴塞罗那的空气质量没有达到可接受水平，严重影响了儿童和老人的健康。禁止或不禁止看起来像是一个二元选择，但该政策涉及众多的警告事项及要素，如：非零排放车辆区域内的居民应该有多少通道，城市应该投入多少资金支持运输公司更换车辆，这样的政策将如何影响不同的群体和不同的地区，如何安排那些无力离开城市的人。像大多数城市问题一样，这些问题没有简单的答案，需要进行妥协、承担相关的成本和后果。空气质量和碳减排是大多数城市面临的问题，并且很难简化为二元选择。巴塞罗那新上任的民粹主义城市政府试图在 2019 年推翻前任政府的决策，理由是该决策损害了企业，尽管他们在提出司法诉请后被法院否决。

"Tinder 式的城市规划"方法也忽略了社会学习和互动作为城市规划辩论的一部分，因为城市规划失去了深度，并变得专注于一种肤浅的交易方法，旨在满足我们以消费者为导向的态度和一键式文化——我们无须花费时间和精力来理解复杂的问题、参加无聊的会议或听取其他观点。向左滑动，减少住房；向右滑动，增建高速公路。这样就可以绕过政治程序，直指政策，最大限度地减少有意义的政治参与和知情决定。

城市规划并不是唯一受到数字技术青睐和推动的公众参

与领域。美国市政府推出了所谓的311应用程序，如果公众可以轻松快速地反馈问题，城市就不必花费人力进行这项工作了。从不平的路面到破碎的路灯，311应用程序让公众可以直接反馈问题。正如本·格林（Ben Green）所言，[21] 这也是许多技术人员的一种信念，即如果我们能够直接与居民接触，就可以取消代议制民主。由于人口众多，居住分散，并非每个公民都能直接参政，因此需要政治家代表选民发表观点，而数字技术可以解决这个问题。

正如其倡导者所说，"城市批评"App符合这种直接的一键式理念，使民主更加有效。然而，格林认为，[22] 基于应用程序的参政是超本地化的，不会鼓励人们更深入、更积极地参与决定哪些问题需要投票。换句话说，它代表了政治本身，忽略了分配问题（如何分配稀缺资源）和不平等（哪些群体有利于作出决定）以及更广泛的超出特定社区的战略问题。

我们的城市规划中还有所疏漏。城市规划这一多少带有超越个人意味的概念本身正遭到破坏。城市规划越来越朝内发展，变得个人化、交易化、即时化和高度本地化。与此同时，城市的实际规划正在复兴建模方法。

收回控制权

大获成功的电影《窈窕淑女》（*My Fair Lady*）的背景设

置在伦敦科文特花园（Covent Garden），这是一个始建于17世纪的水果、蔬菜和花卉市场。电影于1965年首映时，大伦敦议会（GLC）即将公布其规划，对96英亩土地的三分之二进行重新开发，修建多车道高速公路、酒店、会议中心和高层公寓。如同摩西想要在纽约实行其计划时一样，当地社区成功地制止了这些项目。然而，这座城市的其他地区——以及许多其他城市的大部分地区——就没那么幸运了。大规模拆除某一地区的理由是城市需要现代化以适应当代城市的需求。公众和社区被视为障碍，而非合作伙伴。

1973年，伦敦保守党议员乔治·加德纳（George Gardiner）针对社区对GLC重建计划的反应作出评论：

> 面对一小部分伦敦民众的抗议，GLC对这个"科文特花园开发计划"哪怕丧失一丝勇气……一旦有机会出现，伦敦将迎来黑暗之日。如果放任人口远离市中心，再加上放弃全面重建政策，只支持建筑工地开发，那么下一代伦敦人将成为输家。当他们回顾我们这个怯懦的时代，只会嗤之以鼻。[23]

他们的确回顾了我们的时代，但没有报以轻蔑的态度，而是宽慰和感激参半。

时间快进到2006年，纽约州长艾略特·斯皮策（Eliot

Spitzer）在区域规划协会上就纽约州南部的交通问题发表演讲。他说，倘若在今天为摩西写传记，题目可能是《至少他有所建树》（*At Least He Got It Built*）。他接着说："这就是我们今天所需要的——对完成工作矢志不渝。"[24] 这种从社区中夺取控制权或者至少使用数字技术来限制这一权利的欲望正在以新的形式出现，虽然这种形式似曾相识。

数字智慧城市与某些城市的规划传统产生共鸣，这些传统方法优先考虑自上而下、基于纸面的开发，而不是自下而上、社区主导的变革。这可能才是人们真正想要的和所需要的，尽管只有一小部分人意识到。谁是赢家？是规划者、政客以及那些对意识形态项目感兴趣并将城市塑造为市场的人。这种吸引力总是潜藏在表面之下，等待重新出现的机会，它们从未死去，只是正在休眠。

城市规划正在被科技巨头以还原主义的态度重新繁育、转变和塑造。新提出的问题没有更具公民意识，反而包含了争议和困难。从"我们如何创造一个适合所有人的美丽城市？"到"这条街应该有多宽才能让两辆车并排通过？"，"让政治更有效率"的交互论正在使城市规划朝着与城市及其需求相反的方向发展，但这是城市过去一直易于陷入的一种困境。于是钟摆又开始摆动了。在过去的几十年里，摩西及其主张可能已经被冷落了，但现在又重新流行起来。这种思想方法正在恢复其进行预测、提供帮助的功能，不时在城市规划的表面下浮现。

其拥护者是那些一直受益的人，因为城市和技术的经验并不总是让发展成果均匀流动。富人获得的好处通常额外多，他们是技术红利的卫道者，却又滥用自己的财富和权力来阻挠技术惠及他人。离开纽约来到长岛的富人购买了长岛铁路的股票，以阻止服务的进一步完善，从而阻碍周围地区的发展。

　　城市规划经常需要追赶以技术为驱动的变革，以适应新事物，抢占优势、挽回劣势。但有时它也发挥了不那么进步的作用，特别是被那些希望借此挫败变革，而不是促进变革的人掌握在手中时。由技术驱动的城市变革带来的教训和经验无处不在，发人深省，为我们发热的头脑浇了一盆冷水，防止我们一头扎进下一波智慧化主导的发展进程中。

第8章

为什么这次不一样

正如上一章讨论过的，我们可以从过去以技术为主导的变革中吸取经验。但这次不一样。此前，城市在遭受技术冲击之后紧随的是回退和调整——在公众的反对介入并恢复平衡之前，以高层住宅和汽车为核心设计的城市只取得了部分进展。但数字化和智慧化不同。我们不仅不关注身边的世界，更多地关注自己和当下，还被怂恿交出决策权，把我们的命运交给数字技术及其幕后的人。有人称我们无须再担忧城市的未来。思考使城市变得更好需要什么，在哪里安置新的基础设施，需要多少新房以及他们应该去哪里都是城市未来规划的一部分。其中许多问题和答案都涉及选择：鱼与熊掌不可兼得。不同的答案反映了不同利益群体的观点和价值观：如果你住在下沉式庄园，而不是住在郊区，你对世界和未来的观点会大不相同。

这涉及地方政治，但"智慧城市"的故事称，这些问题的答案和城市的未来用不到政治；他们只需要大量的数据，而像谷歌这样的公司就拥有这些数据。技术乐观主义者认为数据可以自证。不必再进行辩论、讨论和假设——只需要计算数字，寻找模式与相关性即可。数据和人工智能可以回答城市政府曾经的疑虑。当然，人类仍然需要选取数据、分析结果，并在分析完成后对我们应该做什么提出建议。不过，那些设置问题、选择数据和分析结果的人是幕后的人——他们善于抓住你的注意力，让你欲罢不能。民主正在向技术官僚主义转变。

技术变革不一定，甚至通常不是"坏事"。社会和城市已经经过了发展和适应的阶段，尽管这一过程有时是痛苦的、破坏性的，甚至是无序的。有些地方从中获益，有些地方则失败了。18 世纪农业技术的变化提高了农业产量和生产力，使英格兰的人口几乎翻了一番，而农村所需的劳动力却大大减少。这些过剩人口迁移到城市，很大程度上是受工业革命以及 19 世纪工厂对劳动力不断增长的需求影响。在 20 世纪后期，随着常规工作的自动化以及信息化成为新兴产业，计算机技术进一步推动了城市的经济与社会变革。

结果是就业模式从制造业转向了服务业和信息产业。因此，技术变革创造了工作岗位，也摧毁了工作岗位，但这种创造性的破坏不是一帆风顺的。旧工作的流失和新工作的出现之间不能无缝衔接，这将引起周期性危机和社会混乱。对社会的不同部分也受到了不均衡的影响：在 19 世纪工业革命中涌现的中产阶级受到了近期技术主导的变革的冲击，他们的实际收入减少，会计和法律等专业性工作越来越受制于数字自动化。传统上，这种破坏是通过政府干预实现的，以支持那些接受社会福利和再培训的人。在城市中，规划系统一直是管理技术变革和与之相伴的破坏的主要方式。

城市规划一直是变革和破坏的重要调停者。调停者的角色十分重要，因为城市不仅是功能性场所，也是我们工作、生活和娱乐的地方，在这里我们抚养小孩，齐心协力应对共同的挑战，从气候变化到人口老龄化，从交通拥堵到社会排斥。协调变革和破坏给城市居民以缓冲和保护，同时为未来提供了一定程度的确定性。然而，城市规划的这一角色不一定会被接受。对一些人来说，城市只是聚合了人、商品和服务的市场，通过城市规划进行任何形式的集体干预都令人生厌。18世纪经济学家亚当·斯密（Adam Smith）称之为"看不见的手"的市场，正在通过城市的外观和建筑物的组合、布局及形式，在城市的现实结构中变得真实。然而，这只是少数人的观点。

即使是那些拥护自由放任经济哲学的人，也不会对城市视而不见。弗里德里希·哈耶克（Friedrich Hayek）是新自由主义的代表人物，他于1944年发表了颇具影响力的著作《通往奴役之路》（*The Road to Serfdom*），哈耶克抨击其固有的集中计划和对个人自由的冲击。对哈耶克来说，市场自有规律，是反对极权主义的堡垒。他认为，任何形式的国家计划都无法理解、更不用说预测市场中无数主体的复杂决策。社会主义政府将少数人的偏好强加给多数人，而自由市场是分配资源、满足人民需求的更优机制。但是，对哈耶克来说，城市是一个特例，城市市场需要管理、规范和塑造。他甚至用一整章的篇幅来说明为什么需要进行城市规划。清洁的空气和水等人类必需的资源通常难以进行买卖，但在人口稠密的城市环境中，大多

数人的这些生活必需品可能或多或少会受到少数人的决定性
影响——如工厂可能会污染隔壁居民区的空气或水。淡水和卫
生设施等普通商品及服务对城市生活至关重要，但其建造和
运营的巨额成本超出了市场所能承担的范围，这在19世纪
伦敦频繁暴发的霍乱和如今发展中国家的经历中都可以得到
印证。

　　哈耶克选择背离市场的首要地位，是在顺应历史的潮流。
与哈耶克所指出的原因相同，雅典、罗马和都铎王朝的城市都
或多或少地进行了规划。城市历史的一个启示是，城市需要成
功的管理，不仅在经济上，而且在社会和环境方面也是如此。
当然，城市规划和管理并不完美，不妨看看人们对私家车的依
赖产生的后果——城市高速公路上交通事故频发。但是，如果
任由城市不受监管和控制地简单发展，造成的破坏可能更大。
有人可能认为我在这里的说法存在偏见，但不要只看我的结
论。关于世界上最宜居的城市，各种年度指数列出了一系列地
方，有些城市在不同的名单上反复出现，如墨尔本、维也纳、
温哥华、东京，这些城市的共同点是都会进行管理和规划。很
少有人会把像得克萨斯州的休斯敦这样的地方视为宜居城市的
缩影，这个城市以缺乏城市规划而闻名。因此，城市规划充当
了一个防干扰的过滤器。规划是如何受到影响的，为什么它作
为变革调解者的角色受到了威胁？

城市规划的四大支柱

正如我在第 7 章中所述，规划不仅对城市很重要，城市所依赖的集体管理过程对地球的未来也至关重要。作为众多物种的一分子，我们面临着一系列生存威胁，包括气候变化的影响、海洋污染和生物多样性减少。城市将人们聚集在一起，要求我们找到比邻而居的相处之道和应对共同挑战的方法。城市可以成为民主和宽容的孵化器，多样性和接近性要求我们共同努力，搁置分歧，专注于人类的共同利益。我们要扩大这些特质，将之应用于应对全球挑战。

从上海到桑德兰，从墨尔本到孟买，世界上绝大多数城市都以某种形式进行着规划和管理。这些规划和管理过程采取的形式各不相同，反映了不同地方的传统和习俗。然而，是否进行规划与一个城市的发展阶段、城市的大小以及由左翼还是右翼政党当政无关。连接这些不同类型的城市的是一个共同的信念，即成功的城市不会自己出现。规划能够保证住房选址这种近期决定不必为气候变化等长期挑战让步；确保投资、发展与基础设施相协调；尽力预测、实现发展平衡，防止公寓供过于求，确保所有人居有其所。规划力求确保学校和医院等公共服务按需提供；它在保护我们宝贵的自然财富以及提供公园等公共产品方面发挥着关键作用；而且在必要时，规划还可以刺激市场，而不是简单地塑造市场，克服发展与变革面临的障碍，例如土地所有权分散、土地污染和市场可行性缺乏，以确保城市最大限度地利用其土地。

自 20 世纪 60 年代后期以来，我们规划城市的方式出现了另一个共同特征：最好以包容和开放的方式作出必要的选择。这是一种坚定的信念。世界各地的城市规划通过赋予每个人发言权来运行，力求先达成共识，后作出决策。规划和计划要具有包容性、合理性，让那些投反对票或持有不同观点的人也认为结果是公平的。这并不能保证城市选择的方向是正确的，但它确实为"城市将如何变革"这一问题提供了集体智慧和帮助。

上述内容概括了我所说的城市规划的四大支柱。政治（political）支柱体现为对共同利益的承诺——公开进行讨论辩论和决策，以确保合理性。一旦成为定局，不免几家欢乐几家愁。经济（economic）支柱体现为支持增长，为所有人提供公共产品，并调节供应，即便是狭隘的个人需求，这也是人们对公共利益的信仰和承诺。社会（social）支柱体现为为了所有人的利益来规划和管理城市，这是一种长期的承诺，一种超越眼前、超越选举时段的视角。还存在一种普遍的希望（hope）倾向——未来可以比过去或现在更好，相信我们有可能进行改变、提高，获得进步。

数字技术和社交媒体正在对所有这些支柱造成威胁，破坏集体应对共同挑战的观念，灌输个人主义倾向，将我们从城市公民转变为城市中的个人消费者。我们无法以同样的方式思考未来。数字技术正在以"希望最好"的态度取代希望。城市正在接受并鼓励这一点。与全球许多国家和地方政府一样，英国政府正在寻找数字技术问题的解决方案。2012年，英国政府推出了未来城市竞赛，为30个智慧城市的发展提案提供了资金。在印度，总理纳伦德拉·莫迪（Narendra Modi）于2016年宣布了一项智慧城市挑战，计划打造100个模范样板城市。科技巨头、学术界和咨询公司的承诺正在满足这种需求。

麻省理工学院可感知城市实验室将自己比作数字城市的助产士：

> 实时城市是真实的！随着网络层和数字信息覆盖城市空间，研究建筑环境的新方法正在出现。我们描述和理解城市的方式正在发生根本性的转变——我们用来设计城市的工具也是如此。[1]

尽管这类高高在上而又过分乐观的言论甚嚣尘上，但我们的城市和城市规划的进程正在被侵蚀、破坏和瓦解。数字化削弱四大支柱的证据无处不在。

住得更近，离得更远

人们对城市规划的共识总是希望多于期待。然而，就任何城市的变革方向达成广泛共识仍然是一种愿望。例如，《墨尔本未来规划 2026》(*The Future Melbourne 2026 Plan*) 与该市的利益团体、社区和个人进行了为期 6 个月的对话，其中涉及一系列活动和在线讨论，邀请社区分享对城市未来的想法、担忧和愿望。《爱丁堡城市发展计划》(*The City of Edinburgh's Development Plan Scheme*) 包括社区简报会、研讨会、年轻人参与计划和展览。这两个城市的做法都很寻常。尽管在每个城市应该关注的重点上不可避免地存在分歧，但人们就制订计划的必要性达成了共识。然而，有一点越来越清晰，无论是前进的道路还是需要解决的问题，城市间的相同点越来越少。2018 年年底，"要希望不要憎恨"（A poll for Hope not Hate）——一个总部位于英国的智库组织——进行的一项民意调查发现，68% 的英国人认为没有一个政党可以为他们发声。6 个月前提出同样的问题时，这个数字还是 61%。与此同时，极右翼网站的流量和极右翼社交媒体账户的追随者也在稳步上升。[2]

导致人们意见相左以及政治联盟瓦解的原因有很多，但许多人指出数字技术的影响，特别是社交媒体的影响[3]在故事中也占有一席之地。2012 年，伊莱·帕里泽（Eli Pariser）出版了《过滤泡》(*Filter Bubble*),他发出警示,脸书和谷歌的流行和主导地位将导致我们变得更加孤立和分裂。[4]帕里泽认为,社交媒体平台使用的算法让我们可以获取信息、新闻和视频,这些信息、新闻和视频强化了我们现有的观点,导致我们更难听进去他人的声音,更容易受到假新闻的影响。尽管之后发生的事件和研究证实了他的分析,但他书中论述的只是数字技术如何改变政治格局的开始。

城市经济不断变化,使得人们的观点进一步变得极端和不可调和。这在很大程度上是受数字技术的影响,包括零工经济的出现以及多种职业的不确定性和破坏性。于是民粹主义和民族主义政治得到广泛讨论,这一现象导致一些人更多地投身激进主义,他们在很大程度上依赖社交媒体进行组织和交流。另一方面,总体来说,由于注意力分散,人们普遍脱离了政治生活:在清醒时,我们平均每12分钟看一次手机,70%以上的人从不关机。我们总是保持警觉,但从不完全沉浸到某一件事情中,不会长时间地全神贯注。正如我在第5章中的讨论,由于我们专注于标题和新闻片段的即时推送,由此导致了注意力不集中和总体幸福感的下降,以及没有时间处理复杂的问题。

这些问题都是老生常谈,对社会的影响也得到了更广泛的讨论。然而,这种影响在我们的城市中最为强烈。我们向城市规划中的公众参与投入了更多的努力,但收效甚微。当规划

试图解决城市面临的问题——肥胖、不健康的生活方式、不平
等、精神疾病、气候变化和环境质量——以及分析这些问题给
城市交通、住房、经济、社会和能源政策带来的影响时，就会
出现明显的紧张局势。处理复杂问题一直是城市规划的一个特
点，但我们正在失去我们共同的身份，难以共享相同的社会和
政治空间，这直接影响了我们如何想象现实空间。从斯图加特
中央火车站的大规模重建[5]到约旦河西岸（West Bank）定居
点的规划，反对意见在城市规划中也一直存在。[6]对城市规划
的必要性无法达成一致意见成为新的问题。在个人时代，城
市规划是一种集体行动。政治激进主义正在传播，但变得越
来越肤浅。

集体观点的合理性

失去共识对我们的城市规划还有其他影响。城市规划不
可避免地涉及取舍：有赢家，就有输家。关于摩天大楼对伦敦
历史悠久的天际线有何影响的争论已经持续了几十年，地方和
中央政府以及一系列利益集团、开发商甚至皇室成员都涉及其
中。在这里，规划系统为平衡存在竞争关系的经济增长需求与
城市的历史美学需求提供了场域。这一情景对于世界各地的
城市来说都不陌生，每个城市都以自己的方式寻求管理变革，
平衡新旧事物。在伦敦，某些重要景观 [如圣保罗大教堂（St

Paul's Cathedral）的周围〕受到保护，因此开发的重点主要在伦敦金融城（City of London Corporation）等地区。与许多城市规划一样，没有简单或绝对的答案——大多数伦敦人希望既能实现就业又能保持增长，同时还对过去有所留恋。达成妥协后，人们通常能接受这种结果，因为我们意识到需要接受不同的、合理的观点，即使我们可能不赞同这种观点，但我们可以理解甚至共情。

2019 年，在伦敦金融城的一片摩天大楼中，最新的一座大楼因其球茎形状而被命名为郁金香大楼（The Tulip）。该项目在审批时，英格兰遗产委员会首席执行官评论道："这座建筑的顶端有一个巨大的凸起，这将有损开发商承诺的保护对象——旅游业和伦敦非凡的历史景观。"[7]他并没有否认伦敦需要商业办公空间，只是不同意选址。这种认知差异——开发人员也热衷于保护环境，汽车司机也热衷于骑自行车——使我们能够妥协，接受次优方案，因为问题存在复杂性，不是黑白分明的。换句话说，城市规划是为了平衡合理的、存在竞争关系的利益，以谋求共同的公共利益。

在过去十年左右的时间里，人们关于城市规划的立场一直在僵化，也就是说无法接受和容忍不同的观点。经过城市规划过程的决策和选择仍然存在争议，甚至需要进入司法程序。更糟糕的是，人们的观点变得越来越不可调和，甚至威胁到我们寻求共同挑战的共同答案。

城市规划正面临着"群体认识论"（tribal epistemology）的兴起，即真理与证据或说理无关，而是基于你所在的团队或领导者所认为的"事实"。我们已经进入后真相时代，这个时代与宗教崇拜有相似之处，我们可以接触到相同的事实或科学信息，例如气候变化，但如果它不符合特定群体的世界观，那么这些群体就会坚决拒绝接受这些事实或信息。大卫·罗伯茨（David Roberts）说：

> 信息评估的标准并非是否符合共同的证据标准或是否符合对世界的共识，而在于它是否支持群体的价值观和目标，以及是否能获得群体领袖的担保。"对我们有利"和"真实"开始模糊，甚至合二为一。[8]

这种情况给城市规划带来的影响和冲击十分严峻，因为我们面临的挑战越来越难以化解。城市规划正在努力应对并适应这一新的现实。从根本上说，一个城市只能有一个计划。然而，如果我们不能就计划的某些基本要素，甚至是否有必要制订计划达成一致，那么城市规划过程的所有成果都将是片面的，缺乏合理性。

新的黑暗时代

城市规划建立在明天会比今天更好的信念之上。作为一项未来的探索活动，城市规划着眼于未来，考虑城市面临的问题，评估各种选项，并以开放和包容的方式提出变革。这种前瞻性的视野要求我们超越眼前的忧虑、自身利益和简单化的反应，考虑如何从长远的角度解决复杂、有时甚至难以解决的问题。

交通拥堵可以通过汽车限号解决，但这将对企业和那些负担不起城市生活费用的人造成严重后果。答案的关键在于协调供需双方的变化——更好、更便宜的公共交通，对交通拥堵收费，更实惠的住房以及更灵活的工作方式等。

已经有很多文章探讨了詹姆斯·布里德尔（James Bridle）所谓的"新黑暗时代"的出现，[9]或数字技术如何缩小我们的未来视野，让人们变得鼠目寸光，提供大量信息但不会增加知识，削弱了我们运用集体方法应对共同挑战的能力。愿景和策略正在被抗拒和偏见所取代："通过互联网获得的大量信息和多元化的世界观并没有让我们对现实达成共识，相反，我们的共识被原教旨主义简单化的叙述、阴谋论和后事实政治所左右。"[10]道格拉斯·拉什科夫（Douglas Rushkoff）提出了类似的观点，数字技术正在占据我们的生活，不断地为我们提供信息并引起我们的注意，他称之为"注意力分散的现在"。[11]信息超载、无力选择以及注意力分散，这些情况的叠加即使没有彻底摧毁城市规划和管理的基础，也会对其造成破坏并导致未来的死亡。有许多人只专注于当下，还有一些人只关心自己的智能手机。

然而，尽管如此具有挑战性，但它并没有完全捕捉到城市中正在发生的变化。城市规划和当前注意力分散的实际影响涉及以下两种情况：首先，社区难以参与计划的制订；此外，为了让人们对各种共识照单全收，政策和选项越来越模糊。这种模糊性，有些人称之为"后政治条件"，是城市规划者和政治家通过使用模糊的话语来团结不同群体的一种方法，以便相互竞争的利益相关者能够按照自己的想法来解读政策，达成共识。

每个人都可以认同可持续发展的概念。但对于一些人来说，这意味着环境应该放在首位；而对于其他人来说，这意味着经济增长要为环境保护买单。这种"无所不包却样样稀松"的规划方法产生了明显的后果，包括缺乏具体性无法执行的政策，以及模糊不清、缺乏明确性的计划和由此导致的信任崩溃。

越来越多的人攻击"专家"，规划者日益缺乏可信度。长久以来，城市规划者、建筑师、工程师和政治家被赋予了从大量信息中寻找意义的角色，被期待运用知识比较不同的意见。在新闻媒体中，记者更广泛地充当了这一角色。这种守门员角色起到了过滤器的作用，让过剩的信息变得有意义。目前，城市正在涌现出一批另类的"非政治性"看门人——软件工程师和科技巨头，他们的兴趣点与政府人员截然不同。

理论之死

作为面向未来的活动，规划的一个关键要素是需要发展理论，并为之收集证据——如果我们征收拥堵费，市中心的空气质量将会得到改善；如果我们限制城市边缘的开发项目，随着土地价值上涨，这将鼓励市中心进行更多的改造。这些理论以公开透明的方式展开，转化为公共政策，然后进行测试和完善。然而，数字技术正在破坏这一开放和理性的过程，将我们带入数据和算法的时代。我们不再需要了解城市，推测可以改善城市的方法，应对共同的挑战。相反，我们只需要查看数据——对当前正在发生的事情的实时反馈——从中寻找模式和相关性。这样做有一些好处，比如以前有些数据我们无法理解，现在我们可以从中看到其关联。但这样做也存在深远的负面影响。我们正在将深刻的政治问题和流程转移到技术专家的领域。

我们也忽略了所有的模型和理论都有可能是"错误的"——没有证据表明人工智能和大数据会比涵盖了不同观点、经验和专业知识的集体智慧更善于谋划未来。因此，我们正在进行的工作只不过是换了一种方法，认为数字化更优越。然而，正如已经有人指出的，人工智能和大数据更偏向某些类型的问题和解决方案，即涉及数据的和易于以这种方式解决的问题。人工智能、机器学习和大数据可能有助于管理交通和控制流量，预测应该在哪里部署警察资源或组织能源供应，以更好地满足需求；但城市面临的问题非常复杂，涉及多个层面，数字化对诸如贫困、流浪乞讨人员和人口老龄化等问题几乎无计可施。复杂的挑战往往是那些不太容易受到市场影响的挑战，这也是数字化解决方案的吸引力所在："智慧城市"是新自由主义的梦想，可以绕过官僚和政客，根据市场随时进行调整。城市规划变得与游戏《模拟城市》类似。

提供替代方案

如果人们在过去没有使用"控制室"的方法来进行城市规划，那么使用它的结果就不会那么令人担忧了。为了准备举办 2014 年的世界杯和 2016 年的奥运会，里约热内卢的市长爱德华多·达·科斯塔佩斯（Eduardo da Costa Paes）委托 IBM 公司建立一个城市运营中心，将该市 900 台摄像机的视频流连接起来。这是为了更好地"了解"这座城市。实时视频在 80 米高的墙壁和多个屏幕上实时播放，并配有 30 名身穿白色连帽衫的工作人员进行解说。市长称这是为了让他们对自己的身份产生认同感。里约模式与世界各地其他城市的闭路电视监控有何不同（规模除外）?

该中心结合实时数据和人工智能，能够预测交通拥堵和自然灾害，向居民发出预警，并协调包括警方在内的城市服务部门对自然和人为事件作出响应。但由于该中心的使用程度仅占其实际处理能力的15%，因此监测和预警可能转向预测和控制。这是城市与科技巨头共同的愿望。在多伦多，谷歌提议接管该市的一部分，发展"智慧城市"，在市民出行、服务交互和购买商品时收集他们的数据。谷歌前首席执行官埃里克·施密特（Eric Schmidt）说，想想"如果有人把一座城市交给我们打理，你可以做什么"。[12]

替代方案的吸引力部分来自现有机制带来的挫败感，这种认识源于科技巨头给人的间接（有时是直接）印象。通常情况下，由专业人士支持的公开、民主程序会处理一些问题，提供解决方案，含蓄地批评当前的方法。但是，促进增效节约、打破专业和政策孤岛、提供新服务等种种提案表明，目前的做事方式是低效的。最近，数字解决方案走得更远。美国外交关系协会（Council on Foreign Relations）的高级研究员爱德华·奥尔登（Edward Alden）称:

他们（科技巨头）真的在试图改变走向。一边是呆板的政府规制，另一边是解放、自由和消费者选择。

他们的规划做得非常好。我认为这确实在很大程度上影响了政府限制其活动的意愿和能力。[13]

当前开放包容的城市规划和民主模式本身的特性就是脱节、缓慢和反应迟钝；随着意见分歧加大，人们越来越难以达成一致，民主正陷入困境，这种情况在很大程度上要归咎于数字技术本身的影响。那么，既然数字技术提供了替代方案，为什么还要再为政治烦恼呢？

内部的敌人

城市规划的四大支柱面临的攻击不只来自硅谷。虽然政府的管理和规制要素（包括规划）力求解决平台经济的影响，但爱彼迎和优步等公司以及政府部门都在鼓励其发展，甚至改变监管框架以促进其进一步推广。例如，在澳大利亚，虽然当地政府正在对爱彼迎进行规制以解决住房问题，而中央政府却向将房产挂在网站上出租的房主提供现金支持。[14] 政策之所以缺乏协调性，在很大程度上是因为"智慧城市"的故事吸引了那些致力于促进经济增长的政府部门。

这本身并没有什么问题。毕竟，交通、健康和教育等不同的专业团体都在发展并维护自己的领域。然而，以可持续发展为目标的城市寻求更广阔、更平衡的未来城市规划，这种方案考虑到了环境保护、社会需求以及经济增长。将智能化数字城市视为经济增长途径的观点更为片面，那些试图为衰落的城市谋划未来的努力因此黯然失色。一方面是因为它的叙事引人入胜，另一方面是因为它对解决和改善城市面临的各种其他挑战作出了模糊的承诺。

绕过监管重点

规划体系因国家而异，但其建立的前提都是通过控制和调节土地的开发及使用进行变革。住房、办公室、基础设施、交通等都在争夺稀缺有限的资源，发展的数量、位置和类型都可以由城市规划决定。数字技术和智能解决方案在很大程度上绕过了这种土地控制框架，尽管这一框架牵连重大。

亚马逊和其他平台经济运营商正在用人和网络取代土地和建筑物。尽管数字经济对土地使用产生了影响，平台经济产生的破坏和影响更加难以估量，使得对变革的有效监管和控制化为泡影。举个例子，伦敦试图通过设置 90 晚的短期出租上限来遏制爱彼迎的冲击。但是进行规制和监管所需的信息及数据由爱彼迎所有，他们不会将其公开。结果，伦敦和许多其他城市发现自己根本无法实施监管：

在伦敦……地方政府不得不依靠当地居民的投诉，

并利用谷歌地球的图像和爱彼迎网站本身的信息来对这些投诉进行第三方评估，以追踪违规房产并对它们进行罚款。这对于财力和人力有限的地方政府来说根本无法实施。[15]

一些公司打算无视法律，声称自己的数据是隐私，选择隐身其后，并组织用户进行游说，迫使政府睁一只眼闭一只眼，甚至要求政府解除并去掉仅存的规制手段。这是"黑客"和"黑客城市"文化的一部分。问题似乎出在监管框架上，一旦受到足够的干扰，这些公司就会马上采取行动，适应变化。在他们看来，科技巨头不是在摧毁城市，而是在拯救它。

这种自以为是的态度通过动员中央政府、城市当局和监管机构支持平台经济的"现实"和福利而得以强化。例如，爱彼迎的平行平台"爱彼迎市民"就住宅共享提供了众多个人和社区层面的积极体验。他们鼓励"共享者"加入当地的"家庭共享俱乐部"，讲述自己的故事，进行经验交流。如网站所说：

　　爱彼迎支持创建住宅共享俱乐部，齐心协力帮助房东在其社区倡导公平的住宅共享准则。现在世界各地的社区中有100多个俱乐部分部。这个由房东、租客、小企业家和当地社区领导者组成的网络不断扩大，正在引领方向，展示住宅共享惠及全球社区的成果。[16]

在柏林，俱乐部正积极与当地政界人士接触，以期对该市家庭共享的监管产生变革性影响。

是什么取代了四大支柱？

显然，数字技术对城市规划和管理有好处，数字技术和"智慧城市"为居民、城市和城市规划提供了许多机会。然而，

> 愿意在家中安装亚马逊智能助手 Alexa 是一回事，但是公共基础设施（街道、桥梁、公园和广场）是 Alexa，又是另外一回事。[17]

伦敦的一个地方议会查看了学校、流浪人员收容所、食品银行、发薪日贷款提供商和博彩店附近的数据。根据分析结果，他们确定了居住在博彩店附近的弱势群体的数量，并因此关掉了一些博彩店。[18]

社交媒体和互联网使城市能够更广泛地进行咨询、参政，而建筑信息模型（BIM）提供了专业的 3D 设计和施工平台，允许社区能够快速且经济高效地适应变化。城市信息模型（CIM）将这种方案推行到整个城市，使他们能够测试各种情

景和未来可能遇到的威胁，例如海平面上升、异常天气、干旱和能源短缺。然而，好处和缺点并存。城市规划正在被如何管理城市的不同愿景所取代。这不是协商甚至也不是科技巨头的有意运作，而是数字技术对城市地区施加的众多影响的结果。上文提及的城市规划的四大支柱正在被拆除，但硅谷并没有就此止步，甚至其本身也开始重建。

2017 年 10 月，人行道实验室（Sidewalk Labs）赢得了在多伦多海滨开发 12 英亩公有场地的机会，后来扩大到约 800 英亩。加拿大总理贾斯汀·特鲁多（Justin Trudeau）宣布，人行道实验室的获奖提案借鉴了流行的"智慧城市"方案，承诺"以互联网为基础"发展滨水区，以应对城市面临的各种挑战，包括城市扩张、气候变化、交通拥堵、房价上涨和环境污染。在某种程度上，这种包治百病的智慧化方案被人行道实验室委婉地称为"集中式身份管理"。每个居民都将自动成为个人身份计划的一部分，该计划允许他们使用图书馆和医疗保健等公共服务，有人还建议添加投票服务。这种由数据驱动的智能开发愿景来自人行道实验室母公司的首席执行官："思考一下，如果有人把一座城市交给我们打理，你可以做什么。"这位首席执行官正是埃里克·施密特，而其母公司便是谷歌。

据一些人称，谷歌的人行道实验室正在尝试"监视资本主义进行殖民实验，试图铲平重要的城市、公民和政治问题"。[19]

当发现谷歌的人行道实验室将收集居民和游客的数据供自己使用时，人们开始对支持该计划的商业模式产生担忧，谷歌打算借此成为该地区的规划机构，用私人控制取代公共控制。大多数人更担心对个人数据的收集：曾任该项目顾问的安·卡沃基安（Ann Cavoukian）——加拿大领先的隐私专家——在其辞职信中评论道："我认为我们要创建一个隐私智慧城市，而不是监控智慧城市。"[20] 其他关心数据使用的人询问居民是否可以选择退出"集中身份管理"。在加拿大公民自由协会（Canadian Civil Liberties Association）的执行董事迈克尔·布莱恩特（Michael J.Bryant）看来："加拿大不是谷歌的小白鼠。我们可以做得更好。为了非法公共监视下的个人自由，我们值得奋斗。"[21] 加拿大公民自由协会正在就谷歌支持的计划起诉三级政府。谷歌提议自己成为该计划的规划机构，"就好像优步提出关于拼车的规定，或者爱彼迎要教市议会管理短期租赁。其中的利益冲突一眼就能看穿"。[22] 2020 年，谷歌宣布不会继续在多伦多进行开发，但仍会探索其他机会。

谷歌并不是唯一一家从虚拟世界转向现实世界的科技巨头：脸书、亚马逊和苹果都在为新的发展进行规划和建设。最新的一项计划来自微软的比尔·盖茨，他推动了亚利桑那州25000 英亩的"智慧城市"开发项目。[23]

谷歌想成为开发者只是为了获得更多数据。2019 年，英国的跨国电信和互联网公司——英国电信（British Telecom）

宣布了其新的广告语，"技术将拯救我们"。这种态度在科技巨头中很常见，人们相信在数字技术的帮助下没有什么是无法改进的。在我们的城市中，这种态度呼应甚至支撑了"智慧城市"的说法。从肥胖问题到气候变化，这些主张已经延伸到公共政策的许多领域。而且城市已经开始与科技公司合作，除了（多伦多等其他城市的）实体重建外，合作项目还涉及能源、水、电信等基础设施以及英国的国家医疗服务体系（NHS）。2019 年，谷歌的子公司深脑（Deep Mind）与五个英国国家医疗服务体系信托基金签署了数据处理协议。作为云存储的回报，谷歌健康（Google Health）可以访问匿名数据，以帮助开发其人工智能诊断服务。所有这些举措背后的共同因素都是数据。谷歌、脸书、亚马逊和苹果都希望收集、分析数据并从中牟利。

破坏城市规划，然后扩展到现实空间开发基础设施和公共服务，最终将形成一种截然不同的城市和社会景象。为公共利益展开的城市规划将转变为由私人利益——即少数公司股东的利益——驱动、交付和控制的城市规划。然而，以消费者为中心的技术官僚主义诱惑力很强，因为我们每天都在通过亚马逊等公司体验这种模式。它在个人层面上"起作用"，因为我们可以选择商品和服务。然而，它们将如何扩大规模以解决诸如气候变化等政治而非技术问题，还有待商榷。城市规划绝不是完美的，但它之所以"有效"，是因为它结合了政治和技术，寻求通过共识达成决策，让每个人都有发言权。这样，规划就具有合理性，那些不同意或持有不同观点的人就会接受结果。城市规划还有更长远的眼光，不只是关注基于短期利益消费者决策。想弄清一键下单和次日送达如何帮助我们进行城市的中长期规划，这并不容易。

第9章

何苦去拯救城市

正如詹姆斯·威廉姆斯所言，为了完成重要的事情，我们首先必须有能力关注重要的事情。[1]本章旨在论证城市的重要性，即使在充满不确定性和挑战的全球新冠肺炎疫情大流行背景下，城市依然不可或缺——我们不能放弃城市。但现在，城市的未来正受到威胁。一方面，城市正面临着数字技术的影响，这在一定程度上是由"智慧城市"的特洛伊木马促成的，正如我在本书中所作的论证。但这并不是城市当前面临的唯一威胁。许多人对疫情后的城市提出了生存主义问题：如果城市将人们聚集在一起，那么疫情暴发后他们只想尽可能地远离城市。基于高密度住宅、商业开发以及休闲和娱乐中心，越来越多的人认为城市已成为21世纪的"瘟疫坑"。[2]城市的规模很重要，因为到2020年，新冠肺炎疫情对大城市的打击最为严重，美国和英国约四分之一的死亡病例分别发生在纽约和伦敦，西班牙约三分之一的死亡病例发生在马德里。

没有城市的世界并非完全不可想象，因为城市的历史相对较短。它们的出现是基于特定原因，为了满足某些需求，比如作为过剩产品的市场、宗教中心或军事据点。城市由人类创造，并非永恒不变。那么，如果人类的需求发生了变化，也许城市中出现变革也是正常的？在过去的几个世纪里，城市并不是一成不变的。刘易斯·芒福德（Lewis Mumford）发表过众多全面的观点，其中就有关于城市兴衰的讨论，以探寻其模式和趋势。[3] 他从古罗马汲取灵感，认为城市在演变和反映更广泛的社会需求的过程中经历了一系列阶段。城市进化的最后阶段是他所说的"墓地"，或死亡之城——城市变成了一个空壳，毫无意义。

显然，城市这个概念并没有随着罗马帝国的衰落而消亡，但芒福德的观点是，特定的城市形式和功能存在生命周期，我们不应该假设城市是文明的永久特征。还有其他证据支持城市并非不可或缺的说法。撇开古代历史上的许多例子不谈，最近也有一些城市已经不复存在。密苏里州（Missouri）的时代海滩（Times Beach）于 1983 年因污染严重被废弃，[4] 纳米比亚（Namibia）的卡曼斯科（Kolmanskop）则被不断扩展的沙漠吞没。[5] 由于苏联解体，俄罗斯的卡达柯市（Kadykchan）关闭了学校和基础设施，供水等服务中断，原来居住在这里的150000 名居民举家搬迁，变成一座空城。而底特律等许多大型工业城市在经济基础崩溃时也有部分地区被弃用了。香港的九龙寨城（Kowloon Walled City）称得上是一个最有趣的废弃案例。该地区在第二次世界大战期间被日本占领，后来又被英国当局抛弃，由擅自居住者和犯罪分子占领，很快成为一个没有法纪的城市。直到 1993 年，这里变得无法治理，并对香港构成威胁，最终被拆除。[6]

显然，并非所有面临危机或挑战的城市都会被遗弃。许多城市只是进行了简单的调整。过去，如果城市遭遇瘟疫或公共卫生危机，他们会逐渐适应这种情况——最引人注目的案例是伦敦在 19 世纪霍乱流行后建立了污水处理系统，如第 6 章所述。其他人则从震荡中受益。纽约在 20 世纪作为制造业中心遭受了全球竞争的冲击，但后来又发展成为国际思想和金融中心。[7]

如第 3 章所述，技术变革通常是当代城市演进的关键因素：蒸汽和水在 19 世纪改变了城市，钢铁和内燃机在 20 世纪颠覆了城市，而眼下，数字技术又掀起了新的波澜。与疾病和瘟疫的挑战一样，城市在面临技术挑战时会进行适应和发展。人类也会随着城市变化而发展，通过改善公共交通、供水和污水处理基础设施、商品的大规模生产和城市文化而从变革中获益。除这些变革之外，还有一些深层次问题：工作环境不稳定、贫困、财富不平等一直是城市的痼疾，现在仍然如此。

那么，数字技术的威胁与过去推动城市发展的事件又有什么不同呢？如果数字技术正在破坏城市，也许并不全是坏事？数字技术不仅会给城市带来挑战，还对城市构成了生存威胁。如果说疫情带来了发展动力，数字基础设施和服务则让我们有了放弃城市的可能。城市的根本目的是将人和市场结合在一起，而远程工作、网课、信息、外卖送餐，这些数字技术都清楚地表明，我们不再需要城市。在新冠肺炎疫情时代，人们不需要与商品和服务近距离接触，因为无论您是在城市、郊区还是村庄，都可以送货上门、服务上门。有很多关于城市如何失去其功能必要性甚至吸引力的讨论——人们正在离开城市，重新定义自己的需求。那么，城市为什么这么重要？如果城市不是一成不变，如果它正在受到疫情的破坏，如果数字技术提供了一种行之有效的替代方案，那么为什么还要费心拯救城市？

应该拯救城市的原因有很多，在这里我列举三点。首先，城市对于我们解决人类面临的紧迫问题至关重要。在众多挑战中，气候变化最为严峻、紧迫，而城市是应对它的关键。城市生活的资源效率更高，但城市也需要集体行动才能发挥作用，并且在政治上也倾向于集体行动。这三个要素——效率、集体态度和干预主义倾向——都是应对气候紧急情况的基本先决条件。其次，简单来说，城市可以让我们更快乐。有些人甚至称城市"对人大有益处"。[8] 他们认为，经过精心设计和运行的城市可以增加、改善个人福祉。人们早就认识到，城市给了每个人"做自己"的机会，最近全球城市已经开始致力于平衡经济增长，以实现更大范围的幸福安宁。最后，城市是我们在未来实现民主和进步政治的最大希望。城市是古希腊民主的发源地。尽管许多国家的政治立场已经分化和强化，但城市仍然是包容性价值观和选举模式的基地。

城市与人类世

气候危机是城市和人类面临的最重大、最紧迫的危险。自大约5.4亿年前寒武纪生命大爆发以来，已经发生过五次大规模灭绝事件，即多细胞生物的种类和数量急剧下降。

自1900年以来，受人类活动、人口过剩和消费影响，我们经历了第六次大规模灭绝，又称全新世。越来越多的共识认为，当前时代可以被视为一个独特的时代，即人类世，这个时代的特点是人类活动在地球上占据主导地位，并对地球产生包括全球变暖在内的一系列影响。许多人认为这些影响超越了生物学范畴，后果涉及方方面面，甚至可能影响人类文明。很明显，地球下一次大规模灭绝事件的受害者可能就是城市。

城市同时是气候变化问题的最佳贡献者、最大受害者，以及最关键的解决者。尽管城市仅占地球表面的3%左右，但75%的二氧化碳排放都来自城市使用的能源，而像伦敦这样的大都市则有80%的食物需要从其他各国进口，进口方式通常是空运。城市的资源需求巨大。它们的生态足迹[9]通常是其现实足迹的数百倍；也就是说，维持一个城市所需的资源——食物、能源、水等——所占的面积是城市本身的数百倍。在我们的城市中，大约三分之二消费产生的温室气体排放来自城市边界之外。城市完全依赖全球食品、能源等网络维系，[10]因此可以采取集体行动干预这些必需品的管理和供应方式，以减少城市碳足迹。

就脆弱性而言，90% 的城市是沿海城市，大约 3.6 亿人生活在海拔不到 10 米的城市。政府间气候变化专门委员会（Intergovernmental Panel on Climate Change）预计海平面在未来 100 年间最多将上升 59 厘米。仅在欧洲，70% 的城市在此期间容易受到海平面上升的影响；而在中国，有 7800 万人生活在可能受到影响的城市，这个数字以每年 3% 的速度增长。穷人受气候变化的影响最大——他们生活在河岸和海岸的不毛之地上、易受山体滑坡影响的陡坡上，以及无法承受越来越猛烈的风暴和热浪的破旧房屋中。人们也会在其他方面受到影响。从能源工厂到公共交通系统，从医疗卫生到污水处理，我们绝大多数的城市基础设施和服务都很脆弱，而这些都是文明不可或缺的。

城市可能是气候变化的最佳贡献者和受害者，但它们也是我们应对气候变化的最大希望。城市生活的能源和资源效率远远高于其他地区。城市公共交通中每位乘客每公里消耗的能源约为私家车的 10%，[11] 而城市住宅供电供暖使用的能源更少。城市正在共同努力，让我们的消费更清洁、更节能，通过使用更多可再生资源，减少有害排放。尽管一些国家政府无视全球应对气候变化的需要，但许多城市正在加紧践行承诺、为之努力。调查显示，在改善人民生活方面，人们普遍感觉城市居民的付出要比政府更多——这也是意料之中的事情。城市要求我们从社会角度思考，正视社会，而不是背弃群体，让人类不得不共同面对挑战。城市需要实行共同的解决方案——集体交通、协同城市设计、公共教育、共享垃圾解决方案——才能取得成功。如第 5 章所述，我们公认的成功城市都采取了积极的城市规划与管理。

因此，与其谴责城市生活的资源密集度，不如关注城市内部和城市之间的集体行动如何对应对气候变化产生的重大影响。诸如 C40[12] 城市集团——全球 97 个城市的附属机构以及城市转型联盟（Coalition for Urban Transitions）[13] 正在制定协调方案，助力实现 2015 年的《巴黎协定》并将全球气温上升幅度保持在工业化前的水平（即 1.5°C）以下。鉴于许多城市的情况不稳定，适应也是这一协调方案的关键要素，重点是保护最弱势群体和维持我们赖以生存的服务。虽然城市之间采取的措施各不相同，发达国家和发展中国家城市的措施差距尤其明显，但毫无疑问，未来最可持续的生活方式就是在城市中生活。

从广义上讲，城市越密集，在家庭能源消耗、公共交通和基础设施以及食品供应和水资源利用方面的效率就越高。由于居住距离相近，需要采取集体方式来进行城市生活、寻找共同点，因此城市有意愿、倾向和工具（以及动机，考虑到大部分城市的位置）来努力适应并减缓气候变化。在许多情况下，主要是在美国，这项工作与各国政府的方向相反。我将在本章后面的部分更详细地介绍城市规划和管理如何帮助拯救城市和地球。但总体来说，更传统才能更环保。因此需要重申，这种集体心态和行动正在被城市不平等和数字技术注意力分散驱动的商业模式破坏。

城市可以让更多人获得幸福……

短语"城市空气让你自由"（最初为德语，Stadtluft macht frei）体现了中世纪早期德国的一项原则或传统，在该原则或传统中，逃到城市满一年零一天的农奴将获得自由。城市是避难所、是自由幸福的所在，这个观念经久不衰。虽然很难确定我们如何衡量幸福感，但这一观念已成为一系列指标的代表，也成了重新衡量城市和政策方向的动力，人们不再只把注意力放在经济增长上。查尔斯·蒙哥马利（Charles Montgomery）于2013 年在《幸福的都市栖居——设计与邻人，让生活更快乐》（Happy City）中指出，[14] 大城市的微小变化可以对幸福程度产生重大影响——20 世纪最具活力的经济体造就了最悲惨的城市。菲欧娜·雷诺兹（Fiona Reynolds）也有类似的描述：

在 20 世纪下半叶，我们沉迷于物质主义，一种重视消费、忽视无形利益的风气甚嚣尘上，我们遭遇了自然、乡村和传统之美的毁灭性损失，而我们修建的大部分建筑要么不起眼，要么丑陋至极。[15]

随着城市收入和财富增长，不平等状况也在加剧。但不仅是穷人感到更痛苦，富人也会陷入蒙哥马利"享乐跑步机"的欲望怪圈中，或者是与他人比较，改变自己对"成功"的定义。从个人角度来看，物质财富的增加会造成恶性循环，我们觉得自己在原地踏步，而其他人一直在怂恿我们的欲望膨胀。这种"不幸"的氛围在城市中尤为明显。

以牺牲更广泛的福祉或幸福为代价来集中发展经济，导致了不满情绪的上升，以及人们越来越认为增加收入和财富是实现幸福的必要条件。这种目光短浅的增长追求不仅停留于个人层面。随着城市的发展，交通拥堵加剧，空气污染和相关的健康问题也相应增加。城市扩张和糟糕的公共交通导致人们的心理健康状况恶化——通勤时间超过 45 分钟的人离婚的可能性要高得多，而住在郊区靠车出行的人远比那些住在市区靠步行就能购买商品和服务的人更难信任他人。关注经济增长以及将个人幸福感置于社会幸福感之上还会产生其他问题，例如肥胖率升高，因为交通和污染导致步行和骑自行车变得更加困难。

另一方面，有些地方已经扭转了局面，不再盲目追求经济增长，城市发生了变革，幸福感得以提升。蒙哥马利的观点不是要我们创造幸福的城市，而是要使其再现——城市始终在追求幸福。在雅典，享乐主义植根于追求更普遍幸福的动力中，将城市和个人福祉联系在一起；而在罗马，城市的自豪感体现在建筑和文化中。"城市作为一个美丽和幸福的家园"，这一观点得到了巴黎的豪斯曼（Hausmann）和伦敦的雷恩（Wren）等人的拥护。在最近的一段时间里，也有一种动力转而支持更广泛的公共目标，包括美和幸福。正如菲欧娜·雷诺兹所言，维多利亚时代试图解决第 1 章中讨论的英国 19 世纪的"黑暗之城"问题，通过推动围绕人类和自然资源开采展开的辩论，最终导致社会和政治改革。[16] 在第二次世界大战后，社会的经济和社会重建包括致力于提升乡村之美——物质财富应当伴随着文化发展和进步。

这种更广泛的倾向在某些社会中可能已经式微，但它正在卷土重来。1979 年，不丹的年轻国王在孟买机场回答了一名记者的问题。当他被问到，"我们对不丹一无所知，贵国的国民生产总值是多少？"不丹国王吉格梅·辛格·旺楚克（Jigme Singye Wangchuck）说："我们不看国民生产总值，因为国民的幸福总值更重要。"[17] 这话让他的顾问团大惊失色，但不丹随后因其关注国民幸福指数（GNH）而不是国民生产总值（GNP）而闻名。其他国家随后在联合国和经合组织的"美好生活指数"和"社会进步指数"的鼓励下采用了这种方法。全球出现了各种国家和城市的幸福指数，在不同的层面上采用了不丹的国民幸福指数方法，包括在国家（例如阿拉伯联合酉长国和英国）、州（例如维多利亚、不列颠哥伦比亚）和城市（例如西雅图和马萨诸塞州萨默维尔）。每种方法都有所不同，一些通过调查直接衡量幸福感，另一些则利用现有的和已发布的数据。所有人都在努力寻找一种更全面的方式来衡量增长、指导政策。

在城市层面，幸福指数有助于将居民的幸福程度置于规划和管理的中心。一家总部位于英国的国家慈善机构推行的繁荣地区指数提供了可以衡量城市和地区幸福程度的年度幸福指数。欣欣向荣是新的幸福。该指数为每个城市收集了大量已发布的数据，并呈现了一幅全面的图景。这些数据包括平等（如健康和收入）、当地条件（如心理健康、教育和失业率）和可持续性（如能源使用和浪费）。根据平等、当地环境和可持续性，共有 30 项评分指标。例如，我所在的剑桥市在住房和绿色基础设施方面得分很低，但在儿童教育和身心健康方面得分很高。不存在真正的"幸福"衡量标准（该指数以前称为幸福城市指数），只有一系列相关的指数。也不存在"智慧化"程度的指标。事实上，数字技术的进一步推广可能会增加焦虑，降低幸福感，就像在某些地区一样，人们担心"智慧城市"会变成"监控城市"。

城市应该致力于解决让居民感到"不幸福"的问题，而不是进一步推动好像能让居民更幸福的经济增长。据国民幸福指数显示，位于英格兰西部地区的布里斯托尔市应该是一个幸福的地方。该地经济发展强劲，劳动力受过高等教育，工资高于地区平均水平。然而，正如第 2 章所述，布里斯托尔也存在高度贫困的地区，六分之一的居民生活在 21 世纪初英格兰一些最贫困的社区。2019 年，该市部分地区的儿童贫困率为 50%。[18] 该市需要专注于改善那些有助于人民幸福的领域，特别是对宜居性设施的投资，例如行人专用区、交通限制和回收利用等绿色基础设施。

……也寄托了我们对政治进步的最大希望

长期以来，城市一直是自由主义和左翼思想的温床。1845 年，弗里德里希·恩格斯（Friedrich Engels）针对 19 世纪曼彻斯特工人阶级的恶劣状况写了《英国工人阶级状况》（*Conditions of the Working Class*）。后来他又与卡尔·马克思合著了《资本论》和《共产党宣言》。马克思主义历史学家埃里克·霍布斯鲍姆（Eric Hobsbawm）将城市与中左翼政治之间的关系归结为人口密度和穷人接近权力杠杆的结合。[19] 我认为城市在政治上比非城市地区更偏左翼、更加进步，部分原因是城市人口在社会背景和经济背景方面更具多样性。城市生活也通过复杂的财富、文化和背景让人们接触到多样性。城市需要一种合作、容忍差异和乐于改变的倾向，也创造出了这种倾向，这些特征反映在政治和投票中。在德国，慕尼黑（Munich）和纽伦堡（Nuremberg）这两个巴伐利亚州（Bavaria）的岛屿城市一直由社会民主党政府管理，实行基督教民主党保守主义左翼政治。在美国，主要城市的投票模式更加自由，尤其是较大的沿海城市。在 2016 年美国总统大选中，民主党候选人希拉里·克林顿（Hillary Clinton）赢得了该国 100 个最大城市中 88 个城市的支持，但由于选举人团投票制度以失败告终。两位美国学者克里斯·陶萨诺维奇（Chris Tausanovitch）和克里斯托弗·沃肖（Christopher Warshaw）的一项重要研究发现，拥有更多自由人口的城市往往有更自由的政策。同样，自由城市征税和支出更多，实行累进税制的也更多。这一发现与城市规模直接相关：城市越大，政治上越自由。[20] 其他人强调了这种关系如何变得更加牢固并进行自我强化。比尔·毕晓普（Bill Bishop）谈到了他所说的"大排序"（The Big Sort），[21] 或称美国不断加深的政治隔离。虽然毕晓普的发现已被一些人证实，[22] 但仍有人质疑。[23]

然而，选举结果的证据是令人信服的。随着时间的推移，越来越多郊区、小城镇和农村地区投票给共和党，而与此同时，城市朝着相反的方向发展。毕晓普等人声称，出现这种情况是因为人们搬到了符合他们价值观和偏好的地方。皮尤研究中心（Pew Research Center）发现，自由派更有可能持有的观点是：种族和民族多样性在社区中很重要，而保守派则强调共同的宗教信仰。73% 的自由派认为有必要居住在艺术博物馆和剧院附近，而保守派的这一数字仅为 23%。至于实际位置，41% 的保守派更喜欢住在农村地区，另有 35% 的保守派更喜欢小镇。只有 4% 的保守派想住在城市里。自由派的观点则完全相反，46% 的自由派更愿意住在城市，只有 11% 的自由派更喜欢住在农村或小镇（20%）。[24]

政治前景与城市之间的关系不只是美国的独有现象。2016 年 6 月 23 日，英国以 51.9% 的微弱优势投票决定脱欧。影响人们投票的因素有很多，但是大城市的居民大部分支持留欧，其余地区的居民则相反。人口密度越大的地区，投票继续留在一个大集体的可能性就越高，以实现社会、政治和经济的和谐。

你可能会问，为什么这些都很重要？政治和文化孤岛应该是每个人都关心的问题，无论是左翼还是右翼。性别、种族、宗教、性取向、年龄、文化、社会经济背景等方面的同质化观点会让社会和个人同时成为输家。背景和观点的多样性对于创造新的想法、解决方案、产品和服务至关重要。多样性也是我们如何看待他人的重要因素，有助于培养同理心和宽容，减少歧视。但如果你是像我这样的中左翼城市居民，那么这种趋势还有另一面：城市正在成为反对移民、气候变化、最低工资、病假和性少数群体权利等一系列国家政策的堡垒。美国城市和州之间以及联邦层面的政策议程差异导致了所谓的"庇护城市"。一些美国城市无视特朗普总统关于移民权利和退出《巴黎协定》的政策，同时有强有力的证据表明，虽然美国城市之间的生育保健服务存在差异，但城市和农村地区之间的差异更为明显。

2015 年，联合国公布了 17 个可持续发展目标（SDG），有193 个国家签署了该协议。这些目标包括对清洁能源、经济增长和应对气候变化采取行动的承诺。[25] 全球城市正在引领实现可持续发展目标，不只是其中的第 11 条——坚持可持续城市化、参与性和综合城市规划。因此，是城市率先采取行动，并单独在跨国网络中发挥作用。行动多种多样，从使城市计划与可持续发展目标（纽约和赫尔辛基）保持一致，到对供应商提出要求推动实现可持续发展目标［马尔默市（Malmo）和布里斯托尔］以及与公民就变革［曼海姆（Mannheim）和米兰］进行互动。

同样清楚的是，城市正在国家内部和国家之间采取集体行动。在美国，从最大的城市到最小的城市，有四百多名市长加入了气候市长网络。正在制定应对气候变化政策的全球主要城市 C40 网络中涵盖了美国最大的 15 个城市。这些解决方案包括增加城市密度、重新开发以前使用的土地。这些城市并未将可持续发展目标视为守约问题，而是将其视为改善市民生活的机会。由于城市将相似的思想和态度聚到一起，因此即使城市在一些民族国家不再火热，人们普遍对实现可持续发展目标等承诺持积极态度。事实是，在城市层面更容易设想有所成效的行动，因为我们必须在城市层面进行选择、投资，让城市的各方面正常运转，如交通、垃圾处理、教育、经济适用房等。

这种积极的态度加上行动的必要性还带来了一种敏捷性：在变革方面，城市比国家更灵活，尤其是那些能够影响需求的变革。

我们所面对的

城市是人类的未来，也是我们应对地球面临的一系列挑战的最大希望。它们提供了一个集体空间，充当了实现变革的杠杆，表达了愿意进行变革的政治倾向。然而，通过分散注意力和干扰城市的规划管理，数字技术正在破坏这一点。还有另一种使用范围更广的数字方式对这种解决方案产生了威胁。城市是我们的未来，但并不是每个人都相信这种说法，因为谷歌、苹果和脸书正在规划、建设自己的未来，企图与社区分离，逃离城市的命运。

即使在那些仍然存在科技巨头的城市，人们也不愿意承认其对社会和经济产生的影响，并强烈反对对此采取任何行动。2018 年 11 月，旧金山的选民决定支持提案 C，该提案对年收入至少 5000 万美元的公司征收平均约 0.5% 的总收入税，每年可征收税款约 3 亿美元。该税收将用于解决该市已十分严重的流民问题，每晚有近 7500 人露宿街头，其中包括约 5% 的学龄儿童。无家可归者增长的原因很明显：如前所述，推特、脸书等科技公司对旧金山湾区住房负担能力的影响。同样清楚的是这一提案的主要反对意见来自哪里。推特首席执行官杰克·多尔西（Jack Dorsey）是众多反对该提案的商界领袖之一。因为该税针对营业额而非利润，多尔西认为这样不公平。很多硅谷的创业公司收入很高，但实际上是在亏本，他们故意亏本经营，击退竞争对手，然后成为市场主导者。想想亚马逊，它多年来一直处于亏损状态，现在却能主导在线零售市场。

如第 3 章所述，有些人声称这种金融模式是反竞争模式。硅谷的其他公司也抵制了以城市为基础的举措，以解决他们在一定程度上激化了的问题。亚马逊成功地推翻了西雅图的地方税，该税本来可以用来帮助解决流民问题，而苹果公司也设法将库比蒂诺市拟议的工资税从议程中取消。[26] 对共同问题的集体解决方案缺乏承诺并不是局部问题，而是这些公司在更广泛的层面上不情愿提出集体解决方案。

> 很多人都知道，谷歌和亚马逊都是老练的避税者。
> 有据可查的是，谷歌已将数十亿美元的利润从发达国家
> 转移到避税天堂。[27]

长期以来，企业家们都在为自己打算，并创造一个与社会其他成员有别的未来。然而，工业与其所依赖的社区之间也存在着源远流长的密切关系。英格兰北部的索尔泰尔是由棉纺厂老板泰特斯·索尔特爵士于 1851 年建造的小镇。这里集工作和住宅功能为一体，拥有现代化的工厂，为工人及其家人提

供住处、花园，以及学校和图书馆。苏格兰的新拉纳克（New Lanark）由棉花实业家和社会改革家罗伯特·欧文（Robert Owen）于18世纪建造；阳光港由肥皂大亨利华家族于1888年建造；伯明翰的伯恩维尔由糖果制造商吉百利家族于19世纪初建造。以上这些只是英国的案例，全球还有许多其他案例。然而，当前的科技巨头为他们的城市和社区做了什么？

城市规划将如何助力拯救地球？

因此，我们需要城市为拯救地球出一份力，让人类更幸福、更进步。简而言之，我们需要通过拯救城市来拯救我们自己。而在2020年，这项工作变得更加困难，因为迄今为止，城市的主要优势和存在理由变得不再那么有吸引力。那么我们能做些什么来确保未来仍然属于城市呢？抽象城市更容易取得"成功"，而需要适应时间变化的具体城市则没那么容易取得成功。作为拯救地球的基础，有一个总体要素对于城市的未来至关重要：城市需要回归传统才能走向未来。即使在疫情时期，城市也需要密集发展。正如我在第8章所述，20世纪早期私家车的使用与普及以及金融业的发展，导致住宅和工作的郊区化爆炸式增长，往往会破坏现实环境，抛下那些无法适应城市的人。第二次世界大战期间，空中轰炸造成的破坏使逃离城市的情况加剧，进一步激化了迁移和分散。

在不同的时代，出于非常不同的原因，许多国家决定不放弃他们的城市。除在战后时期限制扩张、再生和重建之外，还出现了一种更广泛的相互关联的政策举措以支持城市发展。众所周知，这些手段包括通过绿化带来遏制城市的进一步向外扩展，指定一些规划中的新卫星城镇分担发展压力，在城市内重新建设、开发区域。这种模式已在全球范围内广泛采用，巴西和新西兰等国家都推出了城市遏制政策。最初这些方法旨在保护开放空间和改善环境，但很快人们就发现，限制向外发展远没有降低密度，而是导致城市内的密度增加了。这一出乎意料的结果与实施绿化带的关系不大，而更大程度上要归咎于：用于降低城市密度的卫星城镇和开发项目没有进展。在美国，与 20 世纪 30 年代新政相关的多达 3000 个"绿化带城市"的提案大幅减少。[28] 英国过去建了一些新城镇，但由于成本原因，数量再次减少。通过绿化带进行的遏制措施没有直接让政府付出代价，从 20 世纪 30 年代开始，这些措施开始在世界许多地方的城市周围出现。

对新城镇的建设只在局部实行，十分有限，以绿化带为主导的遏制措施带来的影响也是双重的。首先，搬出城市的需求并没有减少，但由于没有规划新的定居点，人们跳过了绿化带，搬到了郊区的村庄。由于城市中仍然存在就业机会，人们还是需要驾车通勤，交通拥堵依旧。其次，由于土地资源紧张，城市部分地区的土地价格开始上涨。土地成本上涨反映在开发项目的价格上，尤其是住房价格。绿化带降低了住房负担能力，进一步鼓励人们搬离城市。城市内部的建筑项目更加密集，这反映了土地价格的经济性，也产生了其他对环境有益的结果。随着土地价值上涨，对绿地供应的限制导致以前开发不足和受污染的土地重新投入使用并开发。

然而，在反对遏制城市的声音开始在政府中引起关注时，新的理由出现了。简而言之，如上所述，人口密集的城市更利于可持续发展。绿化带中的绿色呈现出新的色调，不仅能够用于保护城市周围未开发的土地，还有助于应对气候变化。发展中国家在未来的几十年内将经历大规模的农村—城市转变，其目标应该是确保紧凑型城市成为常态，从而最大限度地减少交通、能源和食品的碳排放。虽然绿化带有助于确保城市地区不会以低密度蔓延，但未来对城市生活的需求意味着需要重新审视该政策。从广义上讲，高密度扩张规划与公共交通相结合的模式要比单纯提高城市密度的模式更具可持续性。

争议是存在的，仍然有许多声音质疑容纳式城市发展模式在应对气候变化方面的作用和影响，但总体来看是无可争辩的：更密集的城市和生活使用更少的资源。一些城市正在设法实现这一目标，例如巴塞罗那和阿姆斯特丹，它们将高密度的公共开放空间与高质量的生活相结合。

然而"可持续城市"不仅与环境有关，还涉及社会和经济方面。如果没有工作，人们也不幸福，那么高密度、资源节约型的生活就毫无意义。可持续性的一个重要因素是住房负担能力。城市规划不能简单地限制城市边缘的发展，然后任由地价上涨、房地产市场自由发展。在许多城市，经济适用房严重短缺。城市规划可以通过多种方式来解决这个问题，如直接供给或通过征收开发税费协调经济适用房的开发比例。然而，最重要的一点是，城市规划的解决方案和方法需要符合不同城市的需求和特点。这种理念还允许城市之间进行实验和竞争，为新方案的出现和现存方案在其他地方的应用创造机会。

如果只关注新建筑，而忽略绝大多数现有建筑的存量，那么密度也不能解决一切。英国每年的建筑水平对总建筑存量的影响不到1%。因此，关注现有建筑也至关重要，特别是到2050年，全球建筑的排放量需要比2010年的水平低80%到90%，才能达到《巴黎协定》的目标。这意味着，截至2022年[29]之前，所有新建筑都不含化石燃料和接近零能源的承诺需要兑现之外，还需要付出极大努力改造存量建筑。

作为拯救城市的解决方案，建造高楼大厦的效果不再像以前那样明显。虽然城市的密集化是应对气候变化的一个主要因素，但一些人认为2020年的新冠肺炎疫情却让事情朝着相反的方向发展——人们需要并且希望远离彼此。这种观点认为，即使公共卫生设施已经不再需要实体空间的增加，但城市的遗留问题可能会成为公共卫生设施和实体空间的矛盾。这种观点并不新鲜。在19世纪初黄热病流行期间，托马斯·杰斐逊（Thomas Jefferson）认为："当大灾难发生时，我习惯于寻找它们可能带来的好处，聊以自慰。……黄热病将阻碍我们国家大城市的发展；我认为大城市对人类的道德、健康和自由有害。"[30]

然而，城市幸存了下来。威胁到城市未来的不是疾病或病毒，而是缺乏对城市需要运作、发展和适应的关注。简而言之，是什么让城市变得宜居？只有关注聚居的必要条件，对持续增加的城市密度的关注才变得有意义。对新冠病毒的反应并没有削弱对城市的关注，而是更多地关注城市管理和适应的方式，使城市更具功能性和宜居性——例如限制机动车辆，为骑自行车和步行提供更多空间。正如我在下一章，也就是最后一章中继续论述的那样，数字技术一直是其中的关键要素。

城市的未来将继续向上扩张，而不是向外扩张，疫情将人们的注意力转移到城市的宜居程度上来，推动了这一趋势。尽管受到疫情影响，伦敦仍有数万平方米的新高层办公楼开发项目以及住宅提案正在筹备当中。城市不仅可以更普遍有效地利用资源，还可以协调应对一系列挑战，包括公共卫生方面的挑战。

然而，忽略了数字技术对城市构成的生存挑战，仅仅以同样的方式追求这些关键要素已经不够了。关键是，数字化让我们注意力分散的同时，城市由于各种原因又无比重要，这就是我们需要拯救它们的原因。这些做法可能被视为计划经济，但别无他法。鉴于应对气候变化是当务之急，自由放任的时代已经结束。我们需要拯救城市，而这正是数字技术的用武之地。我将在下一章中对此进行探讨。

第10章

"智慧城市"：新故事时间

城市规划并不天然具有正当性。与任何其他公共政策领域一样，它需要证明其价值，证明在城市规划的干预下，城市会有所不同，能变得更好（无论在何种意义上）。现代、全面、开放、负责的城市规划是一种相对新颖的现象，而温斯顿·丘吉尔（Winston Churchill）等人更喜欢"旧模式"。还有些人仍然坚持旧模式。丘吉尔的设想浪漫随性，而其前卫本质的另一面是百病缠身、人满为患，许多人都面临着不平等问题。

下午1点，温斯顿·丘吉尔合上内阁文件夹，点燃另一支雪茄。爱德华·布里奇斯爵士（Sir Edward Bridges）提请他注意还有一个事项待处理，即城乡规划。那些日子，我们下定决心，绝不回到20世纪30年代，贝弗里奇（Beveridge）老早就受到这份决心的激励，提交了关于充分就业的内阁白皮书以及奥特瓦德（Uthwatt）、巴洛（Barlow）和斯科特（Scott）关于城乡规划的三份基本报告……

W. S. 莫里森（W. S. Morrison）评估了这些报告并提出了自己的结论。温斯顿的心情并不好。"啊，是的"，

他说，"这些都跟计划、补偿和改善有关。广阔的视野，
等等。但是我想起了18世纪的小巷，潜伏着拦路盗贼，
妓女干着自己的营生，而这种新的规划学说却没有"。[1]

丘吉尔正在书写自己关于这座城市的故事，而且他的故
事今天仍然存在于许多人的观点中。他们主张国家退后一步，
由市场支配和决定，这种观点代表了左翼无政府主义者和右翼
新自由主义者的态度。"智慧城市"的故事在很多方面与丘吉
尔的诗意形象相似。不妨让城市等于它各个部分的简单相加。
我们不需要指导城市，因为数字技术将提供答案和通往未来的
道路。然而，正如我在本书中所论证的那样，这种保证不仅是
错误的，而且智慧化也对城市和人类的未来构成了生存威胁。
是时候写一个关于城市的新故事了，这个新故事的核心部分要
重申集体、开放、包容和面向未来的管理和行动。

但是，从封闭的商店到零工经济，我们身边都有例子能
印证这种影响。那么为什么没人看到智慧化和数字化带来的
负面影响呢？在本·格林看来，[2] 问题在于我们看待科技时都
隔着滤镜。根据格林的说法，如果我们从数字的角度看待问题
或挑战，无论是交通拥堵、犯罪率上升、选民投票率下降、儿
童肥胖还是人口老龄化，我们都更有可能寻找数字化解决方
案。这些科技滤镜过滤掉了备选方案，并为我们指明了一个
世界——如果把问题比作钉子，那么解决问题的方案必须是锤

子。正是这些滤镜帮我们过滤掉了自己的经验，以及几乎每天都会出现的头条新闻和关于脸书、谷歌、亚马逊等巨头的增长和影响力的警告，还有把"锤子"当作我们解决城市中众多复杂的社会、经济和环境挑战必须使用的唯一工具的缺点。也许吧。此类每日警告称，并非每个人都有科技滤镜。我们并非对正在发生的事情一无所知，也不是不知道殖民化和权力攫取正在扩散。因此，如果我们明知道数字化的未来对我们有害，不想让城市规划输给数字化，那我们为什么不采取措施呢？如果 21 世纪的城市想避免回到丘吉尔口中遍地"强盗和妓女"的 18 世纪，我们就需要弄清为什么自己仍在朝着"智慧城市"的方向迈进。

认为城市故事不需要重写的主要原因如下。第一个原因很简单：数字技术的推出无疑会给社会和个人带来明显的优势和好处。我们之间的联系更加紧密，数字化确实在某些方面改善了城市，信息数据的无成本复制和传播给我们的个人生活和城市规划带来了切实利益。我记得早在 20 世纪 90 年代初，在智慧化和数字技术出现之前，那时我是一名规划师，让人们参与讨论和决策是一项艰巨的任务。无论发生什么事——新的发展建议、需要面对的新挑战或是关于新计划方向的讨论——我们都需要在路灯柱和当地报纸上张贴告示，并给各户寄信。这种方式并非完美，我们要求民众亲眼目睹正在发生的事情，并参与进来。他们通常住在几英里以外，有时只是方便了我们，却给他们带来了很大的不便。这种做法耗时伤财且低效，而且由于工作量和成本巨大，无法定期进行。因此，权力和影响力在很大程度上掌握在我们这种规划者手中。而现在，您可以在方便时上网、查询数据、分享知识、发表评论、游说、传播信息以及与他人建立联系。互联网和数字技术已经极大地推动了民主化并改善了决策、提出大众观点和开放式讨论。规划人员敲几下键盘、点几下鼠标，就可以即时查看其他城市的行动以及他们解决问题的方案。

在个人层面上，我们的生活也在很多方面变得更丰富。谷歌、脸书、亚马逊等数字技术正在为我们提供直接、即时的控制和影响，一种涉及商品、服务、连接和信息的一键式文化。目前，我参与了由三个地方政府和企业组成的地方机构——该机构由政府资助——数亿英镑的投资用于支持剑桥市交通基础设施和经济适用房的建设。这与我职业生涯早期的知识和权力集中模式相去甚远。信息和咨询是无障碍的，几乎无成本。人们可以线上参会，在线获得信息，社区和其他机构之间的协调能够确保他们即使存在分歧也不会互相排斥。现在的问题只是如何分析大量的信息和数据。因此，我们接受了规划的优点，并相信一些技术没有任何缺点（如果有的话）。我们可能会上瘾，但我们意识到正在发生的事情并选择佩戴科技滤镜。哪怕我们想要回头，也没有回头路：我们不可能不发明互联网，也不可能生活在法拉第笼中。我们必须重写城市的故事，但目前没有足够的人确信我们能做到这点。

我们认为不需要重写城市故事的第二个原因是：智慧化已经成为一种崇拜。这是一个信仰问题：除了数字化，未来别无选择。智慧化、数字分析的解决方案被认为是超越性的，适用于任何情况或问题，是所有解决方案的基础。本·格林引用了思科公司城市创新团队的话：

> 争议不再是为什么智慧城市计划对城市有利或应该做什么（选择哪些可用选项），而是应该如何实施智慧城市的基础设施和服务。[3]

最后，我们得到承诺，在未来的某个时刻将获得更大的回报和变化——自动驾驶汽车、更好的健康诊断、更高效的能源使用等。承诺更美好的未来无须额外的成本，充满冲突和困难的决定也能顺利进行，这是非常吸引人的。一些承诺很可能会实现。毕竟，在20年前，谁能想到我们可以叫车、订购杂货、享受送货上门服务、规划从家到公司的路线以避免拥堵、与同事会面并及时了解世界新闻，所有这些都能用袖珍计算机办成？

因此，我们即将迎来一场战斗，"智慧城市"的故事不会被轻易取代。这不是我们与"他们"的斗争，因为我们在很多方面都是"他们"的一部分。还有另一个问题：写一个关于城市的新故事是一回事，但让它"成为故事"又是另一回事。从可持续发展的城市到创业型城市，关于城市的角色和未来，已经有了很多相互竞争的故事。另一个故事将如何发挥作用？托马斯·库恩（Thomas Kuhn）可能会有所帮助。作为物理学家和科学哲学家，库恩于 1962 年出版了《科学革命的结构》（*The Structure of Scientific Revolutions*）。[4] 库恩的一个命题被广泛接受，他所谓的科学"范式转变"，例如从牛顿力学到量子物理学的转变，破坏了科学线性、渐进地走向真理这一观点。相反，范式或故事在某一特定时间点主宰科学，并继续塑造我们对世界的理解，直到出现更合理的理解。每个范式都塑造了调查的问题、证据、方法和结果。一旦有能够更好地满足我们的需求并拟合证据和数据的新范式产生，就会突然发生巨大的新旧交替。然而，仅仅提供一种替代范式是不够的。如果追随者要改弦易辙，还需要说明替代方案如何以及为什么比现有范式更"适合"。有时，就像伽利略日心说模型的论证一样，即使这样也是不够的。

就我们的目的而言，库恩提供了一个框架，说明我们将如何尝试取代"智慧城市"范式：城市的新故事需要更适合我们想要实现的目标。我们还需要指出，过分乐观的人认为通过智慧化解决所有问题并不是这个故事的唯一方向。然而，即使是新的范式或故事也不能确保成功。"智慧城市"和数字城市已经存在，体系完备，且影响力越来越大。

智慧化背后的人不会简单地听命并屈服于更佳论据。除非还存在其他变革，否则这不会是一场公平的战斗。还需要有另外两个必要元素来改变城市的故事。首先，必须有一个公平的竞争环境，以便城市的备选故事有机会突破——用硅谷的口头禅来说——"现状"。其次，改变故事、削弱科技巨头的力量和影响不会是拯救城市的最后一步，即城市规划需要加紧应对城市当前面临的挑战。因此，书写这座城市的新故事有四步：

- 挑战信仰，说明为什么智慧化不会让一切变得更好。
- 创造一个适应城市挑战和需求的新故事。
- 创造公平的竞争环境。
- 改革城市规划以适应新时代的需要。

智慧化不能解决所有问题

正如我在整本书中所论证的那样，数字化的未来被描绘得非常光明。露西·格林（Lucie Green）谈道，无论从确保业务的角度来看，还是从确保最优秀人才的角度来看，这种雄心壮志、信心和希望对于科技巨头来说都是必要的。[5] 硅谷所说的"登月计划"——通过太空旅行的宏伟目标来解决世界问题——有助于说服有理想、有才华的员工为他们工作。"来谷歌工作吧，我们不做坏事。"（这个口号在不久前被放弃了）在城市中，登月计划是人们熟悉的数字化梦想，即无摩擦、高效和低成本的生活——我们可以拥有一切，从无人驾驶汽车到外卖送货上门。事实上，谷歌、亚马逊和其他公司非常了解你和你的习惯，你甚至无须开口：在你开口之前他们就能猜到你的心思。

但这座城市的智慧化未来究竟会是什么样子？找出当前的商业模式，并把它们置于未来的场景，那么我们将会看到：

> 任务兔（Task Rabbit）式平台取代了应急服务，承包商将提供消防服务，用水及道路服务将由社交媒体进行规制。（当价格飙升、优步消防员不足或没有背景调查时会发生什么？）[6]

科技巨头的商业模式和框架并没有很好地转化为公共服务。事实上，这看起来非常可怕。如果这是对未来的反乌托邦愿景，那么我们如何制定替代方案，让数字技术惠及城市发展？尽管看似不可避免，但数字城市的各个方面一直存在阻力。2017年9月，伦敦交通局通知优步，由于他们不是一家"适合的"公司，不能为出租车辆更换许可证。2018年，优步进行运营方式改革，包括司机培训、投诉程序和数据安全等方面，获批临时许可。2020年9月，伦敦交通局在优步满足条件后授予其牌照。许多城市现在都在规范爱彼迎和其他家庭共享服务，对可以出租的住宿天数设置上限，以解决对当地人造成打击的不断上涨的住房成本。然而，并非所有人都乐观地认为科技巨头可以通过重塑来支持城市。

我们或许在自由市场和全球贸易的道路上走得太远，无法倒退回从前。尽管经营者组织提出抗议，反对任何形式的限制，但一些城市的成功案例表明，对于私营企业影响公众事业的地方，我们可以而且应该采取行动。

在 2016 年匹兹堡的一次演讲中，美国前总统巴拉克·奥巴马反驳了科技巨头将其商业和运营模式应用于政府的想法。在此有必要大段引用他的讲话：

> 最后一件事，我要说，政府永远不会按照硅谷的方式运行，因为根据他们的定义，民主是混乱的。美国是一个多元化的大国，有很多利益集团和不同的观点。顺便说一句，政府工作的一部分是处理其他人不想处理的问题。所以有时我会和 CEO 们交谈，让他们进来讲述他们是如何当领导的，以及我们是如何做事的。我说，好吧，如果我只是制作一个小部件或开发一个应用程序，我不必担心穷人是否能买得起这个小玩意儿，也不必担心该应用程序是否会产生一些意想不到的后果——比如搁置在叙利亚和也门的投资——那么我认为这些建议非常棒。顺便说一句，我不是说我们不需要大规模提高效率以及做出重大改进。

但我之所以这么说，是因为有时我们会在科学界、技术界、创业界得到这样的感觉，即我们只需要炸毁这个系统，或者打造平行的社会和文化，因为政府已经从内部被破坏了。其实并没有。例如，政府必须照顾回家的退伍军人。这项支出不会在个人的资产负债表上出现，但会在集体的资产负债表上出现，因为照顾这些退伍军人是政府的使命。这项工作很难也很混乱，但是我们正在建立坚不可摧的相关系统。[7]

与其相信那些含糊其词的说法和对未来的空头支票，我们更需要清楚硅谷的哪些做法会让城市受益，以及巴拉克·奥巴马指出的哪些问题过于复杂、过于敏感、过于政治化，难以简化为算法和需求主导的定价模型。所以我们需要做的是重新平衡智慧化，让它在适当的时候进行突破和取代，但同时回收政治和集体资产负债表。夺回控制权的第一步是要明白，政治的一个重要因素不仅是城市面临的问题和挑战；这是关于时间和未来的问题，或许这是被硅谷殖民的城市中最具政治性的维度。城市规划关注的是希望，相信未来会比现在和过去更好。但目前，未来正面临两种压力。一方面，未来正在被压缩，我们对"现在"、一键式文化和期望的关注变得更加直接。另一方面，未来成为周期更久、更模糊的期望、目标以及时段，人们很难提出反对意见。这给城市及其管理带来了问题，因为计划和战略制定通常存在 5 年到 10 年的往复时间，我们可以称之为"即将到来的未来"。

为城市书写新故事：城市复兴时间

指出"数字皇帝"身上的新衣远比人们想象中的少是不够的。智慧化正在向城市展示一个面向未来的积极故事，它宣扬的理念是，社会问题可以通过数字技术来解决。但这绝不是智慧化改变城市的唯一方法。如果说戴维·赫伯特·劳伦斯和亨利·詹姆斯讲述了 19 世纪城市的故事，那么詹姆斯·格雷厄姆·巴拉德（J. G. Ballard）最能揭开智慧城市时代的面纱，展望未来。

巴拉德有三本关于封闭社区的书，《可卡因之夜》（*Cocaine Nights*）（1996 年）、《超级戛纳电影节》（*Super-Cannes*）（2000 年）和《千禧人》（*Millennium People*）（2003 年）。《超级戛纳电影节》的背景是一个虚构的、有围墙的私人城市伊甸园——奥林匹亚（Olympia），这里是科技和商业精英的住宅和工作场所。奥林匹亚是数字时代的索尔泰尔或伯恩维尔，用来向 E. M. 福斯特的反乌托邦机器致敬。巴拉德附和了科技巨头积极而空洞的言论，将伊甸园描述为"新千年的思想实验室"，一个"培育未来的温室"。在这个封闭的城市里，高管们的生活得到了充分的照顾。专职司机驾驶着大型豪华轿车，载着高管们前去外面的世界，令他们兴奋不已：

> 在奥林匹亚不存在停车问题，不用担心窃贼或强盗，
> 不会发生强奸或抢劫。一流的专业人士不再需要为彼此
> 付出片刻的思考，也不再需要社区生活的制衡。没有镇
> 议会或地方法院，也没有公民咨询局。奥林匹亚体现了
> 文明和政体，就像数学、美学和整个地缘政治世界观融
> 入进了帕特农神庙和波音 747 一样。代议制民主已被监控
> 摄像头和私人警察所取代。[8]

巴拉德的故事是关于这些封闭社区如何简单替换了外面
世界的问题，他们创造了自己的道德体系，与存在竞争和资本
主义的真实世界隔绝。在这个世界里，科技和商业精英坐在自
己的飞地里，这些地方的未来与外面的世界并不相同。

巴拉德的"智慧城市"小说离硅谷中一些人的梦想并不
远。在部分科技巨头的内部，被称为"加密无政府主义"的
运动正在蓬勃发展。加密无政府主义的创始人蒂姆·梅（Tim
May）在 1992 年发表了一份宣言，提出了一系列基于新兴技
术的提案，这些提案为个人提供了不受政府影响的经济和政治
自由。据梅说：

> 我们中的一些人认为，各种强大的密码学将导致国

家权力下降，甚至可能使其突然崩溃。我们相信，通过安全通信、数字货币、匿名和使用假名以及其他加密互动，向网络空间的扩张将深刻改变经济和社会互动的性质。政府将很难征税，很难规范个人和公司（至少是小公司）的行为，并且通常很难胁迫自己的公民，因为政府甚至不知道自己的公民此刻正在哪个大陆上。[9]

该宣言的大部分内容现在已经实现，区块链技术和比特币可以让人们在政府不知情的情况下进行金融交易，通过数字技术人们可以分销违禁商品（包括毒品和非法色情制品），以及通过暗网逃税。在某些时候，被监管者将成为监管者，能够不受惩罚地运作，制定自己的规则。亚马逊和谷歌等公司现在已经快要实现这一点，因为它们可以将收入和利润从一个国家转移到另一个国家，以避免税收和监管。这是智慧化故事的阴暗面，而且没有获得广泛的讨论。在一些利益相关者眼中，这种结果十分令人向往。我们正在一步步靠近这个反乌托邦的结局，这是一个足以让我们感到惊讶的现实。因此，我们必须得明白，科技巨头不能也不会解决城市面临的所有挑战，反而正在试图摧毁城市。

是时候写一个关于城市的新故事了，这个故事围绕着什么将有助于拯救地球、让人类获得幸福展开。这个故事是什么将取决于城市如何看待他们面临的挑战以及解决这些挑战需要什么。每个故事都需要我们摘下科技滤镜,从第 8 章所述的首要原则开始。前进的道路上少不了智慧化和数字技术的元素,但它们会作为实现更广泛目标的手段,而不是目标本身。城市的新故事需要从数字媒体中夺回政治支持。

那么这座城市的新故事应该是什么?许多城市面临的社会、经济和环境挑战,以及城市在应对气候危机时的重要性,都表明需要重新投入时间、精力和资源,使城市惠及所有人。虽然每个城市的故事会有所不同,但它们的未来都需要投入注意力和时间。这相当于一场城市复兴,一场以可持续发展的承诺为基础的复兴,让城市为所有人服务,而不是仅仅让富人受益。

这场复兴涉及一系列令人熟悉的共同元素,包括:

• 在 20 世纪 90 年代广泛宣传的紧凑型城市原则——在满足高质量公共交通、学校、医疗服务和住房需求的同时提高城市密度。紧凑型城市使用的能源和资源更少,更有利于环境可持续发展。

• 将开发和投资的重点放在城市地区,特别是以前使用过的土地上,需要以绿化带或类似手段限制城市扩张。城市扩张浪费了稀缺资源,降低了公共交通和服务的效率。

• 为了适应发展以及控制数字化对城市的影响,城市在塑造和干预增长、收集和净化土地方面发挥了积极作用。

这些都不是新鲜事。事实上,其中大部分是我们非常熟悉的,是智慧化将注意力分散之前的城市规划轨迹。正如我在

第 8 章中所述，城市规划的"包含—密集—再开发"模型可以追溯到更远的城市管理方法。然而，这只是一个故事，从洛杉矶到柏林，每个城市的故事各不相同，都阐述了如何应对气候紧急情况、改善生物多样性和解决住房负担能力的需求，并以包容开放的方式做到这一点。

城市规划的新时代

城市规划也需要发展，以帮助城市完成新的故事，无论这个新故事是什么。虽然城市已经发展起来，但第 8 章所述的城市规划模式却没有。从历史上看，城市的演变和现实变化之间存在密切的联系——经济变化关系着工厂的开张或关闭；人口增长意味着需要开发新的住宅、完善交通网络。在数字化和全球化时代，这种因果关系已经被拉长并遭到破坏。为了扭转乾坤，城市规划需要产生全面影响。当一个地方的地理范围无法再引起全面影响时，城市的物理空间也不再发生变化。现实世界外的网络空间远远超出了城市和规划的实际管辖范围。最后，城市规划如何思考和塑造未来也面临严峻挑战，因为制订计划和作出决策所花费的时间与数字化带来的颠覆性变化的时间并不同步。因此，需要重新考虑城市规划的三个基本要素：监管（它控制什么）、过程（我们如何进行）和空间（它拥有管辖权的区域）。

重新思考监管

传统上，城市规划通过规范土地和财产——现实空间的发展来塑造未来。城市规划不擅长管控不涉及实体发展的变革，例如电子商务的发展以及基于云服务平台兴起的爱彼迎和优步等，这些平台可以彻底改造城市，但不会在现实留下足迹。城市面临着爱彼迎等平台参与者带来的现实后果，包括对经济适用房的影响，但无法轻易解决其根源。在最简单的情况下，可以对工厂所在的位置进行监管，以最大限度地减少影响。这些影响也可以得到控制，因为原因和结果是相同的。

城市与未来脱节以及城市作为人类栖息地所面对的挑战导致城市级规划正在失控。但这不是唯一的趋势。其他趋势，例如在更加全球化的世界中资本和人员的流动性，也断开并破坏了城市与空间之间的联系。

目前城市规划正在面临新的挑战，城市需要直面棘手的、不可调和的问题，而解决这些问题的手段却减少了。因此，我们需要重新考虑规划，并赋予其在数字化和全球化时代变革的能力。这将意味着将监管杠杆从单纯的现实世界转向数字世界。

城市挑战亚马逊等大公司并非螳臂当车，只是不符合当下的政治意愿。对在线零售征税或有能力越过亚马逊物流中心的边界从而控制它们在其他城市的规模和范围将是一个良好的开端。对于爱彼迎和优步等公司而言，平台运营商需要获得许可证并满足运营条件，这也将有助于让城市重新获得解决问题所需的杠杆。

重新思考过程

在快速、网络化和无序发展的世界中，规划是缓慢的、线性的。第 5 章中概述的"调查 – 分析 – 计划"过程跟不上持续实时更新的数据、来源广泛的分析、变化的速度以及居民和城市的感受，这才是规划的重点。我们还需要一个开放、透明、包容的过程。关键要重新思考什么构成了规划过程，并将最终产品的思维方式从线性过程转变为"活着"的计划，一种可以快速更新的非连续性方式。该计划将包括一套相互关联但彼此独立的元素。如果一个城市的交通或健康问题迫在眉睫，可以将重点放在这些要素上，但无须对长期的和稳定的要素进行改变。计划制订和更新的过程将更类似于电影的制作方式，其中的元素不是按顺序而是作为平行片段拍摄的。这可能意味着通过实时数据输入进行持续分析——交通、住房开发、能源使用——以及扩大对计划、调查要素的输入范围。

重新思考空间

数字化重新配置了地域空间和规模，开辟了新的、网络化的全球空间，同时从根本上挑战了传统的嵌套等级制度——旧金山、纽约和伦敦等一些城市可以相互借鉴，而不再从它们所在的民族国家吸取经验。这对城市规划意味着什么？除增加城市规划管理未来所需的监管类型之外，还必须重新思考规划监管的空间。城市的根本问题可以归结为历史悠久的现实空间（商业街、住宅、社区）与新的虚拟网络空间（包括在线零售、社交媒体和注意力经济的影响）之间的不匹配，少数全球科技公司占主导地位，但又缺乏创新和竞争。虚拟空间正在破坏并重塑现实空间，而目前我们对此无能为力。

展望未来，除城市的现实空间外，城市规划还涉及两个空间。这是科技巨头最关心的两个空间：全球空间和个人空间。通过在全球竞争中挑拨各个城市之间的关系，亚马逊和谷歌这样的公司利用这些城市吸引投资和增加就业的需求，对这些城市进行勒索。因此，城市需要重新思考城市规划的空间和规模，与全球志同道合的地方合作，在分而治之的策略面前保持团结。城市中的科技巨头也几乎没有（如果有的话）在现实空间留下足迹。实际上，我们这些个体才是这一切的核心。例如，通过控制现实变化来塑造未来需要转变为个人层面，通过明确某些趋势和决策的后果，或支持并鼓励本地运营的替代品来替代爱彼迎、亚马逊等公司。

公平竞争以支持城市和城市规划

新的城市故事和改革过的城市规划方法只会让我们走到这一步。要想拯救城市，我们必须确保这些变化有机会成功对抗数字城市的盛行势头。在科技巨头带来的影响和变化的范围内，我们需要在四个领域创造公平的竞争环境。

民主和新闻推送

科技巨头没有兑现发展的承诺，没有通过创新和理念来支持人们、社区及其城市打破现状。成为一股向善的力量、打破经济和信息垄断并提供更好的选择，是科技巨头从前的使命。然而，硅谷正在打造自己的垄断企业，阻碍变革。许多人指出，经济权力的集中会对民主造成威胁。这股潮流正在慢慢转变，人们越来越希望取代脸书、亚马逊、谷歌和苹果日益加强的主导地位，并解决假新闻等相关问题。正如露西·格林所指出，[10]2016 年的美国总统大选和同年的英国脱欧公投是社交媒体塑造政治话语和选举结果的教训，如果脸书收集到的海量数据用于战略意图又会发生呢？罗伯特·穆勒（Robert Mueller）揭露俄罗斯曾操纵美国 2016 年的总统大选，该文件长达 37 页，提及脸书 35 次。[11]

在广告商抵制的支持下，公众舆论正越来越多地转变对社交媒体的态度，要求其对平台上发布的内容负责。这并不简单：新加坡出台的打击假新闻的法律引起了一些人的担忧——此类控制手段也可以用于排除异己。对于城市来说，更令人担忧的是地方新闻和信息量的下降，及其对集体认知与决策制定的影响。同样，澳大利亚政府竞争与消费者委员会的提议将要求谷歌、脸书和其他公司为来自当地报纸等传统来源的媒体内容付费。尽管采取了这些举措，科技巨头放出的虚假信息仍然越来越多，因为他们强化了自己的地位，进行游说，并为支持性研究付费。我们如何阻止数字平台利用城市政策满足一己私欲？行动已经开始了。美国国会和欧盟都在针对科技巨头及其市场主导地位展开调查。除非这些科技巨头面临真正的竞争以及替代性观点和方法出现，否则城市和民主将继续在这种困境中挣扎。

中产阶级化和城市分化

一个社会经济群体被另一个社会经济群体取代，这是城市中长期存在的问题，而不是科技巨头出现后才产生的。尽管如此，随着数字技术造成的破坏逐渐显现，一些地方已经过热，而另一些地方则急剧下降。在城市内，中产阶级化正在造成重大的社会、环境和经济困难——社会困难是因为教师、护士等低收入的关键职业因买不起房而被排挤出城市；环境困难在于人们不得不在偏远地区寻找住得起的房子，每天长途通勤上班；经济困难是指家庭因高昂的租金和生活成本而捉襟见肘。这种情况是不可持续的，需要城市干预，因为科技巨头不能从根上解决问题。一些城市发展过热和中产阶级化还伴随着同一个国家城市的分化，因为其他城市已经被遗忘，成为残渣。

就城市和城市规划而言，中产阶级化和城市分化需要强有力的、重新分配的区域政策，通过胡萝卜加大棒的方式来帮助衰退的城市和地区，同时鼓励规划者所谓的"多中心城市结构"——共享增长而不是以牺牲其他城市为代价，专注于一个城市的发展。建立一些过去所谓的"增长极"——具有财政和监管优势来吸引投资的城市——同时限制其他地区的土地和住宅供应，有助于转移需求并分散增长及其后果。

零工和平台经济

我们可以创造现实空间，以支持城市的方式承载和培育数字化发展，但还需要制造真正的竞争撼动科技巨头的位置，鼓励创新成果服务城市。为了实现这一目标，我们必须打破他们目前的统治地位，通过创建和重新分配对数据和电子购物的税收来支持新的想法和初创公司，将收入用于支持以城市和社区为中心的数字计划。柏林和其他城市举办了一个名为"破坏"（Disrupt）的数字创意和初创公司论坛，一年举行一次。在这里，初创公司提出真正帮助人们和城市的想法，从支持视障者、行动不便者和糖尿病患者的应用程序到其他新闻媒体，比如中央新闻平台努泽拉（Nuzzera），它们不会通过建议更多相同的内容来强化我们在网上看到的东西，但会用算法推荐扩展阅读材料。

世界各地的许多城市都已经解决了平台经济的一些不利因素，例如巴塞罗那要求在爱彼迎上提供公寓需要获得许可，

以及伦敦撤销了优步的许可资格。执行这些方法存在挑战，也
需要在不利因素和利益之间达成平衡。事实是这些服务和其他
类似的服务不会消失，也不应该消失。这完全是一个平衡问
题，让城市能够管理变化和破坏，同时也从随之而来的改进中
受益。在这里，城市需要与政府、平台、服务提供者和消费者
合作，转向共同监管模式。基于反馈和消费者评级的自我监管
显然没有解决城市面临的问题。自上而下的国家或城市主导的
监管同样引发了合规和监督问题。这两种方法都没有将平台
经济的其他参与者包括在内——比如服务提供者、使用者、
投资者与城市本身。

数字零售税

在过去的几年中，形形色色的人和组织提出了某种形式
的"科技税"，避免财富集中在少数人手中。其他人则提出，
脸书、谷歌、苹果和亚马逊等公司应该分拆，就像美国政府在
一百多年前对两大垄断企业北方证券公司（Northern Securities
Company）和标准石油公司（Standard Oil）所做的那样。无论
这种情况是否发生，就城市而言，更有效的是目前一些政府正
在考虑的某种形式的数字零售税。实体零售商和在线零售商之
间的竞争环境并不公平：前者为他们的商业街位置支付商业费
用，因此很难与大体量、低成本的店面竞争。正如一些人提议
的那样，征收 2% 的"亚马逊税"将使英国的这些商业税率最

多降低 20%，从而帮助实体商店进行竞争。英国政府的数字服务税试图通过对亚马逊、谷歌、脸书和其他公司的收入征收 2% 的费用来实现在线服务的类似效果。

重新聚焦数字技术：达成目的的手段

城市充满活力，适应性强，是经济的发动机。城市不仅面临着数字挑战，而且正在引起数字挑战。这些数字挑战正在削弱城市超越极限进行发展的能力。与此同时，城市面临着新的问题，也是根本性的问题，我们需要共同努力并作出选择。

在这里，将数字解决方案作为前进的目标是一种幻想。数字技术需要为城市服务，而不是凌驾于城市之上。我在这里给出的建议可以作为一个起点，来重新思考城市如何在不同的道路上前进——这条道路不受智慧化的制约。这显然并不是说数字技术在改善城市方面没有任何作用。只不过，城市——成功的城市，既需要计划政策，也需要非计划；既需要秩序，也需要混乱。想要顺利适应发展，这些复杂的元素缺一不可。要达成这些元素的平衡组合，需要进行长远的思考，预留进化、实验和失败的空间，还需要为偶然发现的、不可预见的、冒险创新的事物预留空间。19 世纪的城市不仅是"暗夜之城"，也是"技术快速变革之城"。"光明之城"也因成功处理了混乱和复杂的情况而蓬勃发展，公共事业和个人的发展完美融合，管理变革，允许新事物发展。我们需要回归无序之美，硅谷的垄断企业及其数字"优化"提供的同质化和现成的改进无法满足我们的需要。如果智慧化能够通过提供它最初承诺的东西——颠覆、变革和创新——来帮助城市复兴，那就更好了。

所以这本书不是为了反对科技巨头而写。显然，数字技术给个人和社会带来了巨大的好处。相反，这本书是为了确保城市的故事可以服务所有人，可以为地球拯救城市，利用我们这一代人的聪明才智谋划更美好的未来，而不是找到让我们沉迷电子产品的新方法。

注释

第1章

1 Fritz Lang (director) (1927) *Metropolis* [film].

2 D. H. Lawrence (1929/1930) "Nottingham and the mining countryside", *The New Adelphi*, June–August, 1930, p 14.

3 D. H. Lawrence (1929/1930) "Nottingham and the mining countryside", *The New Adelphi*, June–August.

4 See, for example, Theo Panagopoulos (2020) "What a long strange trip it's been", *The Culture Crush*. Available at: www.theculturecrush.com/feature/what-a-long-strange-trip-its-been-1.

5 Henry James (1907) *The American Scene*, London: Chapman & Hall, p 5.

6 Quoted in Peter Hall (2002) *Cities of Tomorrow* (3rd edn), London: Blackwell, pp 36–7.

7 Quoted in Leo Hollis (2013) *Cities are Good for You: The Genius of the Metropolis*, London: Bloomsbury, p 4.

8 Christopher Tunnard and Boris Pushkarev (1963) *Man-Made America: Chaos or Control*, New Haven, CT: Yale University Press.

9 Christopher Tunnard and Boris Pushkarev (1963) *Man-Made America: Chaos or Control*, New Haven, CT: Yale University Press, p 22.

10 See Leo Hollis (2013) *Cities Are Good for You*, London: Bloomsbury, p 5.

11 Edward Glaeser (2011) *Triumph of the City*, London: Pan.

12 Edward Glaeser (2011) *Triumph of the City*, London: Pan, p 52.

13 Victoria Turk (2018) "How a Berlin neighbourhood took on Google and won", *Wired*, 26 October. Available at: www.wired.co.uk/article/google-campus-berlin-protests.

14 Richard Florida (2017) *The New Urban Crisis: Gentrification, Housing Bubbles, Growing Inequality, and What We Can Do About It*, London: Oneworld, p 89.

15 Fran Spielman (2020) "Ald. Patrick Daley Thompson proposes ground delivery tax", *Chicago Sun Times*, 23 November. Available at: https://chicago.suntimes.com/city-hall/2020/11/23/21591819/home-deliveries-amazon-online-orders-city-fee-daley-thompson.

第 2 章

1 Named after the phone number that many cities use for citizens to call them.

2 Siemens (2017) "The bottom line: The business case for smart cities." Available at: https://new.siemens.com/global/en/company/stories/infrastructure/2017/the-business-case-for-smart-cities.html.

3 IBM (no date) "The digital era demands modern government technology." Available at: www.ibm.com/smarterplanet/us/en/smarter_cities/overview/.

4 See www.ibm.com/ibm/history/ibm100/us/en/icons/smarterplanet/.

5 IBM (no date) "The digital era demands modern government

technology." Available at: www.ibm.com/smarterplanet/us/en/smarter_cities/overview/.

6 See Jonathan Taplin (2017) *Move Fast and Break Things: How Facebook, Google, and Amazon Cornered Culture and Undermined Democracy*, London: Macmillan.

7 Carlo Ratti and Matthew Claudel (2016) *The City of Tomorrow: Sensors, Networks, Hackers, and the Future of Urban Life*, Harvard, CT: Yale University Press, p 28.

8 Julie Snell (2017) "Smart cities are set to change the landscape of the great West", GW4, 13 November. Available at: https://gw4.ac.uk/opinion/smart-cities-set-change-landscape-great-west/.

9 See https://smartcity.wien.gv.at/site/en/the-initiative/smart-simple/.

10 See https://smartcity.wien.gv.at/site/en/the-initiative/smart-simple/.

11 Chris White (2018) "South Korea's 'smart city' Songdo: Not quite smart enough?", *SCMP: This Week in Asia*, 25 March. Available at: www.scmp.com/week-asia/business/article/2137838/south-koreas-smart-citysongdo-not-quite-smart-enough.

12 Chris White (2018) "South Korea's 'smart city' Songdo: Not quite smart enough?", *SCMP: This Week in Asia*, 25 March. Available at: www.scmp.com/week-asia/business/article/2137838/south-koreas-smart-citysongdo-not-quite-smart-enough.

13 See www.media.mit.edu/groups/city-science/overview/.

14 See www.bristolisopen.com/about/.

15 Quoted in James Temperton (2015) "Bristol is making a smart city for actual humans", *Wired*, 17 March. Available at: www.wired.

co.uk/article/bristol-smart-city.

16 Luke Mordecai, Carl Reynolds, Liam J. Donaldson and Amanda C. de C. Williams (2018) "Patterns of regional variation of opioid prescribing in primary care in England: A retrospective observational study", *British Journal of General Practice*, 68(668), e225–e233. Available at: https://doi.org/10.3399/bjgp18X695057.

17 Performance, Innovation and Intelligence Service, City of Bristol (2015) *Deprivation in Bristol 2015: The Mapping of Deprivation within Bristol Local Authority Area.* Available at: www.bristol.gov.uk/documents/20182/32951/ Deprivation+in+Bristol+2015/429b2004-eeff-44c5-8044- 9e7dcd002faf.

18 Sameer Hasija (2020) "Smart cities can help us manage post-COVID life, but they'll need trust as well as tech", *The Conversation*, 2 June. Available at: https://theconversation.com/ smart-cities-can-help-us-manage-postcovid-life-but-theyll-need-trust-as-well-as-tech-138725.

19 See www.dw.com/en/how-covid-19-could-speed-up-smart-cityvisions/a-53654217.

20 See https://inequality.org/facts/inequality-and-covid-19/.

21 Clare O'Farrell (2020) "The biopolitics of Covid-19 (2020)", *Foucault News*, 13 June. Available at: https://michel-foucault. com/2020/06/13/the-biopolitics-of-covid-19-2020/.

第 3 章

1 Steven Levy (1984) *Hackers: Heroes of the Computer Revolution*,

Garden City, NY: Doubleday..

2   See https://growthhackers.com/growth-studies/airbnb.

3   See www.cbinsights.com/research/google-biggest-acquisition-sinfographic/.

4   Carlo Ratti and Matthew Claudel (2016) *The City of Tomorrow: Sensors, Networks, Hackers and the Future of Urban Life*, New Haven, CT: Yale University Press.

5   See, for example, Nicole Gurran (2018) "Global home-sharing, local communities and the Airbnb debate: A planning research agenda", *Planning Theory & Practice*, 19(2), 298–304; Daniel Guttentag (2015) "Airbnb: Disruptive innovation and the rise of an informal tourism accommodation sector", *Current Issues in Tourism*, 18(12), 1192; Dayne Lee (2016) "How Airbnb short-term rentals exacerbate Los Angeles's affrdable housing crisis: Analysis and policy recommendations", *Harvard Law & Policy Review*, 10, 229–53; David Wachsmuth and Alexander Weisler (2018) "Airbnb and the rent gap: Gentrification through the sharing economy", *Environment and Planning A: Economy and Space*, 50(6), 1147–70.

6   The 10 cities were: Amsterdam, Barcelona, Berlin, Bordeaux, Brussels, Krakow, Munich, Paris, Valencia and Vienna.

7   See www.amsterdam.nl/bestuur-organisatie/college/wethouder/laurensivens/persberichten/press-release-cities-alarmed-about/.

8   www.amsterdam.nl/bestuur-organisatie/college/wethouder/laurens-ivens/persberichten/press-release-cities-alarmed-about/.

9   Gaby Hinsliff (2018) "Airbnb and the so-called sharing economy is hollowing out cities", *The Guardian*, 31 August. Available at: www.theguardian.com/commentisfree/2018/aug/31/airbnb-sharing-economycities-barcelona-inequality-locals.

10   See www.airbnbhell.com/airbnb-nightmare-scenario-destroying-communities/.

11   Hannah Jane Parkinson (2017) "'Sometimes you don't feel human'-how the gig economy chews up and spits out millennials", *The Guardian*, 17 October. Available at: www.theguardian.com/business/2017/oct/17/sometimes-you-dont-feel-human-how-the-gig-economy-chews-up-andspits-out-millennials.

12   Sarah O'Connor (2017) "Driven to despair – the hidden costs of the gig economy", *Financial Times*, 22 September. Available at: www.ft.com/content/749cb87e-6ca8-11e7-b9c7-15af748b60d0.

13   Neil Craven (2018) "Tesco chief demands £1.25billion 'Amazon tax': Supermarket boss says windfall should aid struggling retailers", *Mail on Sunday*, 7 October. Available at: www.thisismoney.co.uk/money/news/article-6247561/Tesco-chief-demands-1-25-billion-Amazon-tax-Drastic-Dave-boosts-Mail-Sunday-campaign.html.

14   Bespoke Investment Group (2017) "The bespoke 'Death by Amazon' indices", BIG Tips, 25 September. Available at: www.bespokepremium.com/wp-content/uploads/2017/10/B.I.G-Tips-The-Bespoke-Death-By-Amazon-Indices-092517.pdf.

15   Bespoke (2020) "Death by Amazon", BIG Tips, 13 October.

Available at: www.bespokepremium.com/?s=death+by+amazon.

16 OECD (2018) "Job automation risks vary widely across different regions within countries", Newsroom, 18 September. Available at: www.oecd.org/newsroom/job-automation-risks-vary-widely-across-different-regionswithin-countries.htm.

17 Centre for Cities (2019) *Cities Outlook 2019: A Decade of Austerity*, London: Centre for Cities. Available at: www.centreforcities.org/publication/citiesoutlook-2019/.

18 Oxford Economics (2019) "How robots change the world", 23 July. Available at: www.oxfordeconomics.com/recent-releases/how-robots-change-the-world.

19 Oxford Economics (2019) "How robots change the world", 23 July. Available at: www.oxfordeconomics.com/recent-releases/how-robots-change-the-world.

20 Abigail De Kosnik (2014) "Disrupting technological privilege: The 2013–14 San Francisco Google bus protests", *Performance Research*, 19(6), 99, 2 November. Available at: https://doi.org/10.1080/13528165.2014.985117.

21 Quoted in Abigail De Kosnik (2014) "Disrupting technological privilege: The 2013–14 San Francisco Google bus protests", *Performance Research*, 19(6), 99, 2 November. Available at: www.tandfonline.com/doi/abs/10.1080/13528165.2014.985117.

22 See https://boomcalifornia.com/2014/06/19/the-boom-interviewrebecca-solnit/.

23 Emily Mibach (2017) "Protesters target Facebook, Amazon in East

Palo Alto protest", *Daily Post*, 31 March. Available at: https://
padailypost. com/2017/03/31/protesters-target-facebook-amazon-
in-east-palo-altoprotest/.

24 Quoted in Alison Bell (2018) "The anti-Google alliance",
ExBerliner, 29 March. Available at: www.exberliner.com/features/
politics/the-antigoogle-alliance/.

25 See www.goodjobsfirst.org.

26 Robyn Dowling, Pauline McGuirk and Sophia Maalsen (2019)
"Realising Smart Cities: Partnerships and Economic Development
in the Emergence and Practices of Smart in Newcastle, Australia",
in Andrew Karvonen, Federico Cugurullo and Federico Caprotti
(eds) *Inside Smart Cities*, Abingdon: Routledge, Chapter 2.

27 Jeremy Quittner (2016) "Why states are sending millions of dollars
to big players, not startups", *Inc.*, June. Available at: www.inc.
com/magazine/201606/jeremy-quittner/state-incentive-subsidies-
smallbusiness.html.

28 David James (2004) "Salt, Sir Titus, First Baronet (1803–1876)",
in *Oxford Dictionary of National Biography*, Oxford: Oxford
University Press.

29 Adam Rogers (2017) "If you care about cities, Apple's new campus
sucks", *Wired*. Available at: www.wired.com/story/apple-campus/.

30 Quoted in Adam Rogers (2017) "If you care about cities, Apple's
new campus sucks", *Wired*. Available at: www.wired.com/story/
apple-campus/.

31 Adam Rogers (2017) "If you care about cities, Apple's new campus

sucks", *Wired*. Available at: www.wired.com/story/apple-campus/.

32 Douglas Rushkoff (2018) "How tech's richest plan to save themselves after the apocalypse", *The Guardian*, 24 July. Available at: www.theguardian.com/technology/2018/jul/23/tech-industry-wealth-futurism-transhumanismsingularity? CMP=share_btn_link.

33 Douglas Rushkoff (2018) "How tech's richest plan to save themselves after the apocalypse", *The Guardian*, 24 July. Available at: www.theguardian.com/technology/2018/jul/23/tech-industry-wealth-futurism-transhumanismsingularity? CMP=share_btn_link.

34 See www.change.org/p/supervisor-town-of-schodack-save-schodack-5.

35 See www.timesunion.com/opinion/article/Editorial-Amazon-needs-nobreak-13022175.php.

36 Quoted in Jon Henley (2019) "Ten cities ask EU for help to fight Airbnb expansion", *The Guardian*, 20 June. Available at: www.theguardian. com/cities/2019/jun/20/ten-cities-ask-eu-for-help-to-fight-airbnbexpansion? CMP=share_btn_link.

37 The Economist Intelligence Unit (2016) *Empowering Cities: The Real Story on How Citizens and Businesses Are Driving Smart Cities*, London: The Economist Intelligence Unit. Available at: https://empoweringspaces. economist.com/empowering-cities/.

38 Steven Levy (1984) *Hackers: Heroes of the Computer Revolution*, Garden City, NY: Doubleday.

第 4 章

1 Stephanie M. Lee (2017) "Here's why people were mad when

Apple called its stores 'Town Squares' ", *BuzzFeed.News*, 16 September. Available at: www.buzzfeednews.com/article/ stephaniemlee/tech-and-the-town-square.

2   Robert McCartney (2019) "Amazon in Seattle: Economic godsend or self-centered behemoth?", *The Washington Post*, 8 April. Available at: www.washingtonpost.com/local/ trafficandcommuting/amazon-in-seattle-economic-godsend-or-self-centered-behemoth/2019/04/08/7d29999a-4ce3-11e9-93d0-64dbcf38ba41_story.html.

3   Quoted in Robert McCartney (2019) "Amazon in Seattle: Economic godsend or self-centered behemoth?", *The Washington Post*, 8 April. Available at: www.washingtonpost.com/local/ trafficandcommuting/amazon-in-seattle-economic-godsend-or-self-centeredbehemoth/2019/04/08/7d29999a-4ce3-11e9-93d0-64dbcf38ba41_story.html.

4   Veena Dubal (2019) "Who stands between you and AI dystopia? These Google activists", *The Guardian*, 3 May. Available at: www. theguardian.com/commentisfree/2019/may/03/ai-dystopia-google-activists.

5   Franklin Foer (2017) *World Without Mind: The Existential Threat of Big Tech*, London: Vintage.

6   Quoted in Erin Durkin (2018) "Amazon HQ2: Tech giant splits new home across New York City and Virginia", *The Guardian*, 13 November. Available at: www.theguardian.com/technology/2018/ nov/13/amazonhq2-second-headquarters-new-york-city-virginia.

7 *Dallas Morning News* (2019) "Dear Amazon, New York doesn't want you; Dallas does", Editorial, 8 February. Available at: www. dallasnews.com/opinion/editorials/2019/02/08/dear-amazon-new-york-doesnt-wantyou-dallas-does/.

8 See https://paxtechnica.org.

9 Carole Cadwalladr and Duncan Campbell (2019) "Revealed: Facebook's global lobbying against data privacy laws", *The Guardian*, 2 March. Available at: www.theguardian.com/technology/2019/mar/02/facebook-globallobbying-campaign-against-data-privacy-laws-investment.

10 Cecilia Kang and Kenneth P. Vogel (2019) "Tech giants amass a lobbying army for an epic Washington battle", *The New York Times*, 5 June. Available at: www.nytimes.com/2019/06/05/us/politics/amazon-apple-facebookgoogle-lobbying.html.

11 See www.techtransparencyproject.org.

12 See www.techtransparencyproject.org.

13 See www.techtransparencyproject.org.

14 See www.cbsnews.com/news/president-elect-trump-says-social-mediaplayed-a-key-role-in-his-victory/.

15 Conservative Party (2017*) Forward, Together: Our Plan for a Stronger Britain and a Prosperous Future*. Available at: https://general-election-2010.co.uk/conservative-manifesto-2017-pdf-download/.

16 Campaign for Accountability (no date) *Google's Academic Influence in Europe*. Available at: https://campaignforaccountability.org/work/

googlesacademic-influence-in-europe/.

17 Nicholas Thompson and Fred Vogelstein (2018) "Inside the two years that shook Facebook – and the world", *Wired*. Available at: www.wired.com/story/inside-facebook-mark-zuckerberg-2-years-of-hell/.

18 Quoted in Franklin Foer (2017) "Facebook's war on free will", *The Guardian*, 19 September. Available at: www.theguardian.com/technology/2017/sep/19/facebooks-war-on-free-will.

19 Jamie Bartlett (2018) *The People Vs Tech: How the Internet is Killing Democracy (and How We Save It)*, London: Ebury Press.

20 Peter Elkind and Doris Burke (2013) "Amazon's (not so secret) war on taxes", *Fortune*, 23 May. Available at: https://fortune.com/2013/05/23/amazons-not-so-secret-war-on-taxes/.

21 BBC News (2020) "Amazon pays £290m in UK tax as sales surge to £24bn", 9 September. Available at: www.bbc.co.uk/news/business-54082273.

22 See www.dropbox.com/s/dkkgbrv0rvs3ts2/Letter%20to%20Mark%20 Zuckerberg%20from%20scientists%20funded%20 by%20the%20Chan%20 Zuckerberg%20Initiative.pdf?dl=0.

23 See www.dropbox.com/s/dkkgbrv0rvs3ts2/Letter%20to%20Mark%20 Zuckerberg%20from%20scientists%20funded%20 by%20the%20Chan%20 Zuckerberg%20Initiative.pdf?dl=0.

24 Alex Hern (2020) "Third of advertisers may boycott Facebook in hate speech revolt", *The Guardian*, 30 June. Available at: www.theguardian.com/technology/2020/jun/30/third-of-advertisers-

may-boycott-facebook-inhate-speech-revolt.

25 House of Commons (2019) *Disinformation and "Fake News":* *Final Report, Eighth Report of Session 2017–19*, Digital, Culture, Media and Sport Committee. Available at: https://publications. parliament.uk/pa/cm201719/cmselect/cmcumeds/1791/1791.pdf.

26 House of Commons (2019) *Disinformation and "Fake News":* *Final Report, Eighth Report of Session 2017–19*, Digital, Culture, Media and Sport Committee. Available at: https://publications. parliament.uk/pa/cm201719/cmselect/cmcumeds/1791/1791.pdf.

27 Peter Suciu (2019) "More Americans are getting their news from social media", *Forbes*, 11 October. Available at: www.forbes.com/ sites/petersuciu/2019/10/11/more-americans-are-getting-their-news-fromsocial-media/#7639b8a73e17.

28 House of Commons (2019) *Disinformation and "Fake News":* *Final Report, Eighth Report of Session 2017–19*, Digital, Culture, Media and Sport Committee. Available at: https://publications. parliament.uk/pa/cm201719/cmselect/cmcumeds/1791/1791.pdf.

29 Quoted in Siva Vaidhyanathan (2020) "Facebook and the folly of selfregulation", *Wired*. Available at: www.wired.com/story/ facebook-and-thefolly-of-self-regulation/.

30 Lucie Green (2018) *Silicon States: The Power and Politics of Big Tech and What It Means for Our Future*, Berkeley, CA: Counterpoint, p 44.

第5章

1 James Williams (2018) *Stand Out of Our Light: Freedom and*

Resistance in the Attention Economy, Cambridge: Cambridge University Press.

2   Shoshana Zuboff (2019) *The Age of Surveillance Capitalism: The Fight for a Human Future at the New Frontier of Power*, London: Profile Books.

3   James Williams (2018) *Stand Out of Our Light: Freedom and Resistance in the Attention Economy*, Cambridge: Cambridge University Press.

4   Yasha Levine (2018) "Google's Earth: How the tech giant is helping the state spy on us", *The Guardian*, 20 December. Available at: www.theguardian.com/news/2018/dec/20/googles-earth-how-the-tech-giantis-helping-the-state-spy-on-us.

5   Alexia Tsotsis (2010) "Eric Schmidt: 'We know where you are, we know what you like'", *TechCrunch*, 7 September. Available at: https://techcrunch.com/2010/09/07/eric-schmidt-ifa/.

6   See www.tristanharris.com.

7   James Williams (2018) *Stand Out of Our Light: Freedom and Resistance in the Attention Economy*, Cambridge: Cambridge University Press.

8   James Williams (2018) *Stand Out of Our Light: Freedom and Resistance in the Attention Economy*, Cambridge: Cambridge University Press.

9   See www.tristanharris.com.

10 See https://humanetech.com/problem/.

11 See www.vice.com/en_us/article/mby5by/cosmetic-plastic-

surgerysocial-media-seflies.

12 Susruthi Rajanala, Mayra Buainain de Castro Maymone and Neelam Vashi (2018) "Selfies – Living in the era of filtered photographs", *JAMA Facial Plastic Surgery*, 20(6), 443–44. doi:10.1001/jamafacial.2018.0486.

13 Joachim Allgaier (2019) "Science and environmental communication on YouTube: Strategically distorted communi-cations in online videos on climate change and climate enginee-ring", *Frontiers in Communication*, 25 July. Available at: www.frontiersin.org/articles/10.3389/fcomm.2019.00036/full.

14 Soroush Vosoughi, Deb Roy and Sinan Aral (2018) "The spread of true and false news online", *Science*, 9 March. Available at: https://science. sciencemag.org/content/359/6380/1146.

15 Cass R. Sunstein (2017) *#Republic: Divided Democracy in the Age of Social Media*, Princeton, NJ: Princeton University Press.

16 Quoted in Christina Pazzanese (2017) "Danger in the internet echo chamber", *Harvard Law Today*, 24 March. Available at: https://today.law. harvard.edu/danger-internet-echo-chamber/.

17 Philip N. Howard, Bence Kollanyi, Samantha Bradshaw and Lisa-Maria Neudert (2017) *Social Media, News and Political Information during the US Election: Was Polarizing Content Concentrated in Swing States?*, Data Memo No 2017.8. Computational Propaganda Research Project, Oxford: University of Oxford. Available at: https://comprop.oii.ox.ac.uk/research/posts/social-media-news-and-political-information-during-the-

uselection-was-polarizing-content-concentrated-in-swing-states/, quoted in James Williams (2018) *Stand Out of Our Light: Freedom and Resistance in the Attention Economy*, Cambridge: Cambridge University Press, p 69.

18　Shannon C. McGregor and Logan Molyneux (2018) "Twitter's influence on news judgement: An experiment among journalists", *SAGE Discipline Hubs*, 21(5). Available at: https://journals.sagepub.com/doi/abs/10.1177/1464884918802975.

19　Juliana Schroeder, Michael Kardas and Nicholas Epley (2017) "The humanizing voice: Speech reveals, and text conceals, a more thoughtful mind in the midst of disagreement", *Emerging Adulthood*, 28(12). Available at: https://journals.sagepub.com/doi/abs/10.1177/0956797617713798.

20　See www.tristanharris.com/.

21　James Williams (2018) *Stand Out of Our Light: Freedom and Resistance in the Attention Economy*, Cambridge: Cambridge University Press.

22　James Williams (2018) *Stand Out of Our Light: Freedom and Resistance in the Attention Economy*, Cambridge: Cambridge University Press, p 70.

23　James Williams (2018) *Stand Out of Our Light: Freedom and Resistance in the Attention Economy*, Cambridge: Cambridge University Press, p 70.

24　James Williams (2018) *Stand Out of Our Light: Freedom and Resistance in the Attention Economy*, Cambridge: Cambridge

University Press, p 64.

25 National Audit Office (2017) *Environmental Metrics: Government's Approach to Monitoring the State of the Natural Environment*. Available at: www.nao.org. uk/report/environmental-metrics-governments-approach-to-monitoringthe-state-of-the-natural-environment/.

26 See www.turing.ac.uk/research/research-projects/synthetic-population-estimation-and-scenario-projection.

27 See www.gov.uk/government/groups/building-better-building-beautiful-commission.

28 My thanks to Sue Chadwick for bringing these examples to my attention.

29 See Bent Flyvbjerg (1998) *Rationality and Power: Democracy in Practice*, Chicago, IL: University of Chicago Press.

第 6 章

1 William Fulton (2020) "Here's what our cities will look like after the coronavirus pandemic", Perspective, 26 March, Houston, TX: Kinder Institute, Rice University. Available at: https://kinder. rice.edu/urbanedge/2020/03/26/what-our-cities-will-look-after-coronavirus-pandemic.

2 Norman Foster (2020) "The pandemic will accelerate the evolution of our cities", *The Guardian*, 24 September. Available at: www.theguardian.com/commentisfree/2020/sep/24/pandemic-accelerate-evolution-cities-covid-19-norman-foster?CMP=Share_iOSApp_Other.

3   Ministry of Housing, Communities & Local Government (2019)
    The English Indices of Deprivation 2019. Available at: https://
    assets.publishing. service.gov.uk/government/uploads/system/
    uploads/attachment_data/file/835115/IoD2019_Statistical_
    Release.pdf.

4   Ministry of Housing, Communities & Local Government (2019)
    The English Indices of Deprivation 2019. Available at: https://
    assets.publishing.service.gov.uk/government/uploads/system/
    uploads/attachment_data/file/835115/IoD2019_Statistical_
    Release.pdf.

5   See https://workingonthebody.com/what-is-sht-life-syndrome/.

6   See https://scholar.princeton.edu/deaton/deaths-of-despair.

7   Tim Unwin (2019) "Can digital technologies really be used to
    reduce inequalities?", OECD Development Matters, 28 February.
    Available at: https://oecd-development-matters.org/2019/02/28/
    can-digitaltechnologies-really-be-used-to-reduce-inequalities/.

8   Quoted in David Rotman (2014) "Technology and inequality",
    MIT Technology Review, 21 October. Available at: www.
    technologyreview.com/s/531726/technology-and-inequality/.

9   Richard Florida (2017) *The New Urban Crisis: Gentrification,
    Housing Bubbles, Growing Inequality, and What We Can Do About
    It*, London: Oneworld.

10 Carlo Ratti and Matthew Claudel (2016) *The City of Tomorrow:
    Sensors, Networks, Hackers, and the Future of Urban Life*, New
    Haven, CT: Yale University Press, p 65.

11 Chris Arndale (2019) *Dignity: Seeking Respect in Back Row America*, New York: Sentinel Books.

12 Manuel Castells (1989) *The Informational City: Information Technology, Economic Restructuring, and the Urban Regional Process*, Oxford: Wiley-Blackwell.

13 There are many ways in which this list could be compiled, as the numerous annual world cities indices highlight. However, there is a broad consistency in the results across indices and through time. See, for example, www.atkearney.com/global-cities/2018.

14 Christian Odendahl, John Springford, Scott Johnson and Jamie Murray (2019) *The Big European Sort? The Diverging Fortunes of Europe's Regions*, London: Centre for European Reform. Available at: www.cer.eu/sites/default/files/pbrief_eusort_2030_21.5.2019.pdf.

15 Robert D. Atkinson, Mark Muro and Jacob Whiton (2019) *The Case for Growth Centers: How to Spread Tech Innovation across America*, Washington, DC: The Brookings Institution. Available at: www.brookings.edu/research/growth-centers-how-to-spread-tech-innovation-across-america/.

16 Chris Arndale (2019) *Dignity: Seeking Respect in Back Row America*, New York: Sentinel Books.

17 Jacob S. Hacker and Paul Pierson (2010) *Winner-Take-All Politics: How Washington Made the Rich Richer – and Turned Its Back on the Middle Class*, New York: Simon & Schuster.

18 Paul Swinney (2017) "Is focusing on inequality the best way to

tackle poverty in UK cities?", Centre for Cities, Blog post, 28 February. Available at: www.centreforcities.org/blog/focusing-inequality-best-way-tacklepoverty-uk-cities/.

19 Richard Florida (2017) *The New Urban Crisis: Gentrification, Housing Bubbles, Growing Inequality, and What We Can Do About It*, London: Oneworld.

20 Richard Florida (2017) *The New Urban Crisis: Gentrification, Housing Bubbles, Growing Inequality, and What We Can Do About It*, London: Oneworld.

21 ONS (Office for National Statistics) (2018) *Wealth in Great Britain Wave 5: 2014 to 2016*, London: HMSO.

22 Social Mobility Commission (2017) *Social Mobility Policies Between 1991 and 2017: Time for Change*. Available at: www.gov.uk/government/publications/social-mobility-policies-between-1997-and-2017-time-forchange.

23 Lee Elliot Major and Stephen Machin (2019) *Social Mobility*, London: Centre for Economic Performance, London School of Economics and Political Science. Available at: http://cep.lse.ac.uk/pubs/download/ea045.pdf.

24 Robert Putnam (2015) *Our Kids: The American Dream in Crisis*, New York: Simon & Schuster.

25 Robert Putnam (2015) *Our Kids: The American Dream in Crisis*, New York: Simon & Schuster.

26 See www.trustforlondon.org.uk/data/topics/inequality/.

27 OECD (Organisation for Economic Co-operation and

Development) (2018) *Divided Cities: Understanding Intra-Urban Inequalities*, Paris: OECD. Available at: www.oecd-ilibrary.org.

28 Richard Fry and Paul Taylor (2012) "The rise of residential segregation by income", Pew Research Center, 1 August. Available at: www.pewsocialtrends.org/2012/08/01/the-rise-of-residential-segregation-byincome/.

29 Paul Hunter (2019) *The Unspoken Decline of Outer London: Why is Poverty and Inequality Increasing in Outer London and What Needs to Change?*, London: The Smith Institute. Available at: www.trustforlondon.org. uk/publications/unspoken-decline-outer-london-why-poverty-andinequality-increasing-outer-london-and-what-needs-change/.

30 Scott Allard (2017) *Places in Need: The Changing Geography of Poverty*, New York: Russell Sage Foundation.

31 Richard Florida (2017) *The New Urban Crisis: Gentrification, Housing Bubbles, Growing Inequality, and What We Can Do About It*, London: Oneworld.

32 Nadia Khomami and Josh Halliday (2015) "Shoreditch Cereal Killer Cafe targeted in anti-gentrification protests", *The Guardian*, 27 September. Available at: www.theguardian.com/uk-news/2015/sep/27/shoreditchcereal-cafe-targeted-by-anti-gentrification-protesters.

33 Edward Clarke (2016) "In defence of gentrification", Centre for Cities, Blog post, 13 October. Available at: www.centreforcities. org/blog/indefence-of-gentrification/.

34 Robin White (2017) "The availability and affordability of housing", Shelter Briefing, October. Available at: https://england. shelter.org.uk/professional_resources/policy_and_research/policy_ library/policy_library_folder/shelter_briefing_the_availability_ and_affordability_of_housing.

35 Robert Booth (2019) "UK housing crisis deepens as benefit claimants priced out by high rents", *The Guardian*, 7 July. Available at: www.theguardian.com/society/2019/jul/07/uk-housing-crisis-deepens-asbenefit-claimants-priced-out-by-high-rents.

36 Len Ramirez (2018) "San Francisco Bay Area experiences mass exodus of residents", CBS SF, 8 February. Available at: https:// sanfrancisco.cbslocal.com/2018/02/08/san-francisco-bay-area-mass-exodus-residents/.

37 Diana Lambert and Daniel J. Willis (2019) "California's teacher housing crunch: More school districts building their own", *San Francisco Chronicle*, 22 April. Available at: www.sfchronicle. com/bayarea/article/Californias-teacher-housing-crunch-More-13783401.php.

38 Quoted in Tim Leunig and James Swaffield (2016) *Cities Unlimited: Making Urban Regeneration Work*, London: Policy Exchange. Available at: www.policyexchange.org.uk/wp-content/ uploads/2016/09/cities-unlimitedaug-08.pdf.

39 Federico Cingano (2014) *Trends in Income Inequality and Its Impact on Economic Growth*, OECD Social, Employment and

Migration Working Papers, Paris: OECD. Available at: www. oecd-ilibrary.org/social-issuesmigration-health/trends-in-income-inequality-and-its-impact-on-economic-growth_5jxrjncwxv6j-en.

40 Richard Wilkinson and Kate Pickett (2009) *The Spirit Level: Why More Equal Societies Almost Always Do Better*, London: Allen Lane.

41 Chris Doucouliagos (2017) "Don't listen to the rich: Inequality is bad for everyone", *The Conversation*, 6 August. Available at: https://theconversation.com/dont-listen-to-the-rich-inequality-is-bad-for-everyone-81952.

42 Ronald F. Inglehart and Pippa Norris (2016) *Trump, Brexit and the Rise of Populism: Economic Have Nots and the Rise of Populism*, Faculty Research Working Papers RWP16-026, Cambridge, MA: Harvard Kennedy School.

43 Thomas Piketty (2018) *Brahmin Left vs Merchant Right: Rising Inequality and the Changing Structure of Political Conflict*, WID. world Working Paper Series No 2018/7. Available at: http://piketty.pse.ens.fr/files/Piketty2018.pdf.

44 Richard Florida (2017) *The New Urban Crisis: Gentrification, Housing Bubbles, Growing Inequality, and What We Can Do About It*, London: Oneworld.

45 Casey R. Lynch (2019) "Contesting digital futures: Urban politics, alternative economies, and the movement for technological sovereignty in Barcelona", *Antipode*, 52(3), 660–80. Available at: https://onlinelibrary. wiley.com/doi/abs/10.1111/anti.12522.

46 Már Másson Mack (2019) "FairBnB is an ethical alternative to
    Airbnb coming in 2019", TNW, 6 December. Available at: https://
    thenextweb.com/eu/2018/12/06/fairbnb-is-an-ethical-alternative-
    to-airbnb-comingin-2019/.

47 See www.ethicalconsumer.org.

48 See https://ridewithvia.com.

49 Quoted in Ainsley Harris (2019) "Can ride-pooling service Via
    catch up to Uber and Lyft by being the friendly alternative?",
    Fast Company,28 February. Available at: www.fastcompany.
    com/90304594/can-ridepooling-service-via-catch-up-to-uber-and-
    lyft-by-being-the-friendly-alternative.

50 See https://smartcityhub.com/collaborative-city/be-smart-and-put-
    localsfirst/.

51 Paul Nicholas (2018) "Smart city resilience: Digitally empowering
    cities to survive, adapt, and thrive", McKinsey & Company,
    Commentary, 30 January. Available at: www.mckinsey.com/
    business-functions/operations/our-insights/smart-city-resilience-
    digitally-empowering-cities-to-survive-adapt-and-thrive.

第 7 章

1 Esther Fuldauer (2019) "Smarter cities are born with digital
   twins", 5 April. Available at: www.smartcitylab.com/blog/digital-
   transformation/smartercities-are-born-with-digital-twins/.

2 See https://cityzenith.com/customers/amaravati-smart-city.

3 Michael Jansen (2019) "Digital twins for greenfield smart cities",
   New Cities, 23 July. Available at: https://newcities.org/the-big-

picture-digitaltwins-for-greenfield-smart-cities/.

4 Lewis Mumford (1961) *The City in History: Its Origins, Its Transformations, and Its Prospects*, New York: Harcourt, Brace & World.

5 London Transport Museum (no date) "Charles Tyson Yerkes: The unscrupulous American businessman who transformed the Tube", Stories/People, Available at: www.ltmuseum.co.uk/collections/stories/people/charles-tyson-yerkes-unscrupulous-american-businessman-who-transformed.

6 See Philip Allmendinger (2017) *Planning Theory: Planning, Environment, Cities* (3rd edn), Basingstoke: Palgrave.

7 Peter Hall (1990) *Cities of Tomorrow: An Intellectual History of Urban Planning*, Oxford: Blackwell.

8 Quoted in Peter Hall (1990) *Cities of Tomorrow: An Intellectual History of Urban Planning*, Oxford: Blackwell, p 207.

9 See http://mysteriouschicago.com/finding-daniel-burnhams-no-little-plans-quote/.

10 Thomas J. Campanella (2017) "Robert Moses and his racist Parkway, explained", CityLab, 9 July. Available at: www.bloomberg.com/news/articles/2017-07-09/robert-moses-and-his-racist-parkway-explained.

11 Quoted in Oliver Wainwright (2017) "Street fighter: How Jane Jacobs saved New York from Bulldozer Bob", *The Guardian*, 30 April. Available at: www.theguardian.com/artanddesign/2017/apr/30/citizen-jane-jacobs-the-woman-who-saved-manhattan-

from-the-bulldozer-documentary.

12 Jane Jacobs [1993 (1961)] *The Death and Life of Great American Cities* (Modern Library hardcover edn), New York: Random House.

13 Mechtild Röslø (1989) "Applied geography and area research in Nazi society: Central place theory and planning, 1933–1945", *Environment and Planning D: Society and Space*, 7, 419–31.

14 J. Brian McLoughlin (1969) *Urban and Regional Planning: A Systems Approach*, London: Faber & Faber, p 300.

15 Jay Forrester (1969) *Urban Dynamics*, Waltham, MA: Pegasus Communications.

16 Quoted in Tristan Donovan (2011) "The replay interviews: Will Wright", *Gamasutra*, 23 May. Available at: www.gamasutra.com/view/feature/134754/the_replay_interviews_will_wright.php?page=2.

17 Kevin T. Baker (2019) "Model metropolis", *Logic*, 6, January. Available at: https://logicmag.io/06-model-metropolis/.

18 Quoted in Kevin T. Baker (2019) "Model metropolis", *Logic*, 6, January. Available at: https://logicmag.io/06-model-metropolis/.

19 Quoted in Tristan Donovan (2011) "The replay interviews: Will Wright", *Gamasutra*, 23 May. Available at: www.gamasutra.com/view/feature/134754/the_replay_interviews_will_wright.php?page=4.

20 See https://planningtank.com/city-insight/city-swipe-tinder-cities.

21 Ben Green (2019) *The Smart Enough City: Putting Technology*

in Its Place to Reclaim Our Urban Future, Cambridge, MA: MIT Press.

22 Ben Green (2019) *The Smart Enough City: Putting Technology in Its Place to Reclaim Our Urban Future*, Cambridge, MA: MIT Press.

23 George Gardiner (1973) *The Changing Life of London*, London: David & Charles Publishers.

24 Eliot Spitzer (2006) "Downstate transportation issues speech", Regional Plan Association, 5 May. Archived from the original on 27 September 2006.

第 8 章

1 See http://senseable.mit.edu.

2 Hope not Hate (2019) *State of Hate 2019: The People versus the Elite?* Available at: www.hopenothate.org.uk.

3 James Williams (2018) *Stand Out of Our Light: Freedom and Resistance in the Attention Economy*, Cambridge: Cambridge University Press.

4 Eli Pariser (2012) *Filter Bubble: What the Internet is Hiding from You*, London: Penguin.

5 See www.theguardian.com/world/gallery/2010/oct/01/protest-germany-stuttgart-21.

6 Ali Sawafta (2018) "Protests erupt at Bedouin village Israel plans to demolish", Reuters, 4 July. Available at: https://uk.reuters.com/article/uk-israel-palestinians-bedouin/protests-erupt-at-bedouin-village-israel-plans-to-demolish-idUKKBN1JU1RB.

7   Jim Dunton (2019) "As City planners meet tomorrow, Historic England dubs Fosters' Tulip 'a lift shaft with a bulge'", *Building*, 1 April. Available at: www.building.co.uk/news/as-city-planners-meet-tomorrow-historic-england-dubs-fosters-tulip-a-lift-shaft-with-a-bulge-/5098685.article.

8   David Roberts (2017) "Donald Trump and the rise of tribal epistemology", *Vox*, 19 May. Available at: www.vox.com/policy-andpolitics/2017/3/22/14762030/donald-trump-tribal-epistemology.

9   James Bridle (2018) *The New Dark Age: Technology and the End of the Future*, London: Verso.

10 James Bridle (2018) *The New Dark Age: Technology and the End of the Future*, London: Verso, p 10.

11 Douglas Rushkoff (2013) *Present Shock: When Everything Happens Now*, New York: Penguin.

12 Quoted in Ava Kofman (2018) "Google's 'smart city of surveillance' faces new resistance in Toronto", *The Intercept*, 13 November. Available at: https://theintercept.com/2018/11/13/google-quayside-toronto-smart-city/.

13 Quoted in Lucie Green (2018) *Silicon States: The Power and Politics of Big Tech and What It Means for Our Future*, Berkeley, CA: Counterpoint, p 55.

14 Anna Joo Kim, Anne Brown, Maria Nelson, Renia Ehrenfeucht, et al (2019) "Planning and the so-called 'sharing' economy", *Planning Theory & Practice*, 20(2), 261–87. Available at: https://

doi.org/10.1080/14649357.2019.1599612.

15 Nancy Holman (2019) "Regulating platform economies in cities – Disrupting the disruption?", *Planning Theory & Practice*, 20(2), 261–87. Available at: https://doi.org/10.1080/14649357.2019.1599 612.

16 See www.airbnbcitizen.com.

17 Ava Kofman (2018) "Google's 'smart city of surveillance' faces new resistance in Toronto", *The Intercept*, 13 November. Available at: https://theintercept.com/2018/11/13/google-quayside-toronto-smart-city/.

18 See www.ukauthority.com/articles/barking-dagenham-uses-data-to-manage-bookies/.

19 Ava Kofman (2018) "Google's 'smart city of surveillance' faces new resistance in Toronto", *The Intercept*, 13 November. Available at: https://theintercept.com/2018/11/13/google-quayside-toronto-smart-city/.

20 Quoted in Ava Kofman (2018) "Google's 'smart city of surveillance' faces new resistance in Toronto", *The Intercept*, 13 November. Available at: https://theintercept.com/2018/11/13/google-quayside-toronto-smart-city/.

21 BBC News (2019) "Canada group sues government over Google's Sidewalk Labs", 16 April. Available at: www.bbc.co.uk/news/world-us-canada-47956760.

22 Nabeel Ahmed, Toronto Smart Cities Forum Member. Quoted in Ava Kofman (2018) "Google's 'smart city of surveillance' faces

new resistance in Toronto", *The Intercept*, 13 November. Available at: https://theintercept.com/2018/11/13/google-quayside-toronto-smart-city/.

23 Leanna Garfield (2017) "Bill Gates' investment group spent \$80 million to build a 'smart city' in the desert – and urban planners are divided", *Business Insider*, 22 November. Available at: www. businessinsider.com/bill-gates-smart-city-pros-cons-arizona-urban-planners-2017-11?op=1&r=US&IR=T.

第 9 章

1 James Williams (2018) *Stand Out of Our Light: Freedom and Resistance in the Attention Economy*, Cambridge: Cambridge University Press.

2 Camilla Cavendish (2020) "The pandemic is killing the attraction of megacities", *Financial Times*, 15 May.

3 Lewis Mumford (1961) *The City in History*, San Diego, CA: Harcourt Inc.

4 William Powell (2012) "Remember Times Beach: The dioxin disaster, 30 years later", *St Louis*, 3 December. Available at: www. stlmag.com/Remember-Times-Beach-The-Dioxin-Disaster-30-Years-Later/.

5 See https://kolmanskop.net.

6 James Crawford (2020) "The strange saga of Kowloon Walled City", *Atlas Obscura*, 6 January. Available at: www.atlasobscura. com/articles/kowloon-walled-city.

7 Edward Glaeser (2011) *The Triumph of the City*, London: Pan

Macmillan.

8   Leo Hollis (2013) *Cities are Good for You: The Genius of the Metropolis*, London: Bloomsbury.

9   The ecological footprint is the area of land and water ecosystems required to produce the bio-resources for a population to consume and assimilate the carbon wastes that the population produces.

10 C40Cities (2018) *Consumption-Based GHG Emissions of C40 Cities*. Available at: www.c40.org/researches/consumption-based-emissions.

11 Edward Glaeser (2011) *The Triumph of the City*, London: Pan Macmillan, p 208.

12 See www.c40.org/cities.

13 https://urbantransitions.global/en/about-the-coalition/coalitionmembers/.

14 Charles Montgomery (2013) *Happy City: Transforming Our Lives Through Urban Design*, London: Penguin.

15 Fiona Reynolds (2016) *The Fight for Beauty: Our Path to a Better Future*, London: Oneworld.

16 Fiona Reynolds (2016) *The Fight for Beauty: Our Path to a Better Future*, London: Oneworld.

17 Quoted in Eva Mondal (2019) "The Happiness Index – Measuring joy across the globe", IndianFolk, 15 November. Available at: www.indianfolk.com/happiness-index-measuring-joy-across-globe/.

18 Annie Gouk and Conor Gogarty (2020) "The Bristol

neighbourhoods with 'appalling' child poverty levels", BristolLive, 27 April. Available at: www.bristolpost.co.uk/news/bristol-news/dwp-child-benefit-poverty-uk-4078530.

19 Red Marriott (2007) "Cities and insurrections – Eric J. Hobsbawm", 28 April. Available at: http://libcom.org/library/cities-and-insurrectionseric-j-hobsbawm.

20 Chris Tausanovitch and Christopher Warshaw (2014) "Representation in municipal government", *The American Political Science Review*, 108, 3.

21 Bill Bishop (2008) *The Big Sort: Why the Clustering of Like Minded Americans is Tearing Us Apart*, New York: Houghton Mifflin Harcourt.

22 Ron Johnston, David Manley and Kelvyn Jones (2016) "Spatial polarization of presidential voting in the United States, 1992–2012: The 'Big Sort' revisited", *Annals of the American Association of Geographers*, 106(5), 1047–106.

23 Samuel J. Abrams and Morris P. Fiorina (2012) "The myth of the 'Big Sort'", Hoover Institution, 13 August. Available at: www.hoover.org/research/myth-big-sort.

24 Pew Research Center (2014) "Political Polarization and Personal Life", Section 3, in *Political Polarization in the American Public*. Available at: www.people-press.org/2014/06/12/section-3-political-polarization-and-personal-life/.

25 See www.undp.org/content/undp/en/home/sustainable-development-goals.html.

26 Adam Rogers and Nitasha Tiku (2018) "San Francisco tech billionaires go to war over homelessness", *Wired*. Available at: www.wired.com/story/san-francisco-tech-billionaires-war-over-homelessness/.

27 Adam Rogers and Nitasha Tiku (2018) "San Francisco tech billionaires go to war over homelessness", *Wired*. Available at: www.wired.com/story/san-francisco-tech-billionaires-war-over-homelessness/.

28 Peter Hall (1990) *Cities of Tomorrow: An Intellectual History of Urban Planning*, Oxford: Blackwell.

29 See www.c40.org/programmes/building-energy-2020-programme

30 See www.citylab.com/perspective/2020/05/coronavirus-urban-density-history-traffic-congestion-disease/611095/.

第 10 章

1 Harold Wilson (1976) *The Governance of Britain*, London: Weidenfield & Nicolson.

2 Ben Green (2019) *The Smart Enough City: Putting Technology in Its Place to Reclaim Our Urban Future*, Cambridge, MA: MIT Press.

3 Ben Green (2019) *The Smart Enough City: Putting Technology in Its Place to Reclaim Our Urban Future*, Cambridge, MA: MIT Press, p 6.

4 Thomas S. Kuhn (1962) *The Structure of Scientific Revolutions*, Chicago, IL: University of Chicago Press.

5 Lucie Green (2018) *Silicon States: The Power and Politics of*

Big Tech and What It Means for Our Future, Berkeley, CA: Counterpoint.

6 Lucie Green (2018) *Silicon States: The Power and Politics of Big Tech and What It Means for Our Future*, Berkeley, CA: Counterpoint, p 43.

7 April Glaser (2016) "President Obama explains the difference between Silicon Valley and the real world", *Vox*, 17 October. Available at: www.vox.com/2016/10/17/13301130/obama-silicon-valley-democracy-messy.

8 J.G. Ballard (2000) *Super-Cannes*, London: Fourth Estate.

9 See https://activism.net/cypherpunk/crypto-anarchy.html.

10 Lucie Green (2018) *Silicon States: The Power and Politics of Big Tech and What It Means for Our Future*, Berkeley, CA: Counterpoint.

11 Lucie Green (2018) *Silicon States: The Power and Politics of Big Tech and What it Means for Our Future*, Berkeley, CA: Counterpoint.